Italienische Küche

ITALIENISCHE KÜCHE

Die Rezepte in diesem Buch sind mit aller Sorgfalt zusammengestellt und überprüft worden; dennoch kann eine Garantie nicht übernommen werden. Eine Haftung des Verlags und seiner Beauftragten für Personen-, Sach- und Vermögensschäden ist ausgeschlossen.

Genehmigte Sonderausgabe

Printed in Germany

Inhalt

Vorspeisen
ANTIPASTI

Kalte Vorspeisen-Platte

ANTIPASTI MISTI

Vorspeisen werden serviert, um den Appetit auf die Hauptmahlzeit anzuregen. Diesem Anspruch wird die Platte voll gerecht.

Vorbereitungszeit: 30 Min.
Garzeit: 6-8 Min.
Für 4-6 Personen

ZUTATEN

225 g geraspelte Karotten

6 EL Olivenöl

2 EL Zitronensaft

2 EL gehackte Petersilie

1 große, zerpreßte Knoblauchzehe

Salz und Pfeffer

je 1 grüne und rote Paprikaschote

1 EL gehacktes Basilikum

1 Fleischtomate, in dünne Spalten geschnitten

100 g Champignons

2 EL Kapern

50 g schwarze Oliven ohne Stein

400 g abgetropfte Artischokkenherzen aus der Dose

Basilikumblätter zum Garnieren

1 Die Karotten 45 Sek. blanchieren, abtropfen lassen und in eine Schale geben. 2 EL Öl und 1 EL Zitronensaft darübergießen, Petersilie und die Hälfte des Knoblauchs zugeben, vermischen, mit Salz und Pfeffer abschmecken und auf einer ovalen Platte in der Mitte anrichten.

2 Die Paprikas halbieren, säubern und in Streifen schneiden. Den Grill auf höchste Stufe schalten und die Paprikas 5-7 Min. grillen. Neben den Karotten anrichten. Die Tomaten darum herum legen, mit Basilikum bestreuen, mit Salz und Pfeffer würzen und 2 EL Öl darübergießen.

3 Die in dünne Scheiben geschnittenen Champignons mit dem restlichen Öl und Zitronensaft beträufeln. Den restlichen Knoblauch und Kapern zugeben. Mit Salz und Pfeffer vermischt auf die Platte geben. Oliven und Artischockenherzen auf der Platte verteilen, garnieren.

Zu dieser mediterranen Vorspeise getoastete Stangenbrotscheiben, mit Olivenöl beträufelt und mit Knoblauch gewürzt, reichen.

Gemischter grüner Salat
INSALATA VERDE

Ein knackiger Salat aus verschiedenen, leicht bitteren Blattsalaten ist ein wahrer Genuß.

Vorbereitungszeit: 10 Min.
Für 6 Personen

ZUTATEN

1 Eichenblattsalat
1/2 Endiviensalat
1/2 Lollo-Rosso
2 Chicorée
Essig-Öl-Sauce zum Servieren

1 Den Eichenblattsalat in kaltem Wasser waschen, trokkenschwenken, den Strunk entfernen, die Blätter in kleine Stücke zupfen. Beiseite stellen.

2 Endivien- und Lollo-Rosso-Blätter waschen. Nur frische, knackige Blätter verwenden.

3 Salatblätter entweder trokkenschleudern oder auf Küchenpapier abtropfen lassen. Bis zum Gebrauch in den Kühlschrank stellen.

4 Die Salatblätter mit Vinaigrette begießen und mit der Hand leicht vermischen. Vinaigrette abgießen und den gemischten Salat in eine Servierschüssel geben.

Grüner Salat mit Croûtons

INSALATA VERDE CON CROSTINI

Die Croûtons im Ofen statt in Öl rösten. Den Salat mit einer Tomatenrose verzieren.

Vorbereitungszeit: 30 Min.
Für 4 Personen

ZUTATEN
1 Kopfsalat
1 Römersalat
80 g weicher Granakäse
einige Anchovisfilets
reichlich gehackte Petersilie
6 Scheiben Toastbrot
10-12 EL Olivenöl
1-2 EL Balsamessig
Salz

1 Den Käse in Streifen hobeln. Die Salatköpfe zerteilen und waschen.

2 Die Blätter putzen, trockenschwenken und in Stücke reißen. In eine große Salatschüssel geben.

3 8-10 EL Öl mit 1-2 EL Essig gründlich verschlagen. Mit Salz abschmecken, und die Petersilie zugeben.

4 Die Rinde vom Toastbrot abschneiden, und die Scheiben in Würfel schneiden.

5 Die Brotwürfel in heißem Öl kroß braten und auf Küchenpapier abtropfen lassen oder im heißen Ofen goldbraun rösten.

6 Die Petersiliensauce mit einem Löffel über den Salat geben und vorsichtig umrühren.

7 Den Salat mit dem Käse bestreuen und mit den Croûtons und kleingeschnittenen Anchovisfilets vervollständigen. Sofort servieren.

Melonen-Salat

COPPA DI MELONE

Melonen sind als Vorspeise immer sehr gut geeignet, da sie leicht und erfrischend sind. Der zarte Geschmack der Frucht wird hier durch ein einfaches Walnußöl-Minze-Dressing ergänzt.

Vorbereitungszeit: 25 Min.
Garzeit: 2 Min.
Für 4 Personen

ZUTATEN

2 kleine Galia-Melonen
1/2 kleine Wassermelone
450 g Erdbeeren ohne Stiele, die großen halbiert
4 Minzezweige zum Garnieren
Für das Dressing
6 EL Walnußöl
1 EL Weißweinessig
1 EL Zitronensaft
2 EL gehackte Minze

1 Die Galia-Melonen halbieren, die Kerne herauslöffeln. Das Fleisch ausstechen, genug stehen lassen, damit die Schale fest bleibt. Das Wassermelonenfleisch ebenfalls ausstechen, die Kerne entfernen. Die Melonenbällchen mit den Erdbeeren mischen.

TIP

Statt der Galia-Melonen können auch andere kleine Melonenarten gewählt werden.

2 Eine dünne Scheibe vom Boden der Melonenschale schneiden, damit sie steht. Eine Wellenlinie in den Rand schneiden.

3 Die Schalen mit dem Fruchtsalat füllen. Für die Sauce Öl, Essig und Zitronensaft erhitzen. Vom Herd nehmen, verschlagen und die Minze zugeben. Über die Melonenkörbchen gießen, garnieren und sofort servieren.

Wenn die Melonenschale nicht gut genug aussieht, so kann man diese Vorspeise auch in Glasschälchen servieren und mit Erdbeeren mit Stielen und Minzezweigen dekorieren.

Zucchini-Salat mit Minze

INSALATA DI ZUCCHINI ALLA MENTA

Dieser appetitliche und farbenfrohe Salat mit gewürfelten Karotten kann auch als Beilage serviert werden.

Vorbereitungszeit: 20 Min.
+ Zeit zum Einlegen
Für 4 Personen

Z U T A T E N

500 g junge, kleine Zucchini in Scheiben
1 TL gehackte Minze (oder andere aromatische Kräuter nach Geschmack)
4-5 EL Olivenöl
1 große Prise Salz

3 Die Scheiben flach auf Küchenpapier legen, damit sie nicht zerbrechen.

1 Ungeschälte Zucchini waschen und 1 Std. in eine Schüssel mit eisgekühltem Wasser legen, damit sie fest und knackig werden.

4 Mit einer Gabel Salz und Öl gründlich miteinander verschlagen.

2 Herausnehmen, auf Küchenpapier abtropfen lassen, Enden abschneiden und Zucchini vorsichtig in sehr dünne Scheiben schneiden.

5 Zucchini in einer großen Salatschüssel anhäufeln und mit der Sauce anmachen.

6 Minze (Basilikum, Petersilie oder andere aromatische Kräuter) fein hacken und den Salat kurz vor dem Servieren damit bestreuen.

TIP

Mit gewürfelten Karotten, Minze- oder Basilikumblättchen und rosettenförmig angerichteten Zucchinischeiben garnieren.

Rosen und Körbchen aus Tomaten

ROSE E CESTINI DI POMODORO

So wird die Tomate zur Verzierung — geeignet für kalte Vorspeisen, Reis- oder Gemüsesalate.

Vorbereitungszeit: 30 Min.

ZUTATEN
feste Tomaten
Kräuter (z.B. Minze, Petersilie, Kerbel, Majoran, Basilikum)

Tomatenrosen

1 Die Tomaten sollten fest, sehr rot und die Schale ohne Flekken sein. Mit einem scharfen kleinen Messer die Schale einer Tomate spiralförmig sehr dünn abschneiden, so daß man einen langen Streifen erhält.

2 Den Streifen an einem Ende festhalten und so aufwickeln, daß eine Blüte entsteht (je breiter der Streifen ist, desto größer wird die Blume). Mit einem Zahnstocher feststecken.

3 Die Röschen mit Basilikum, Petersilie, Minze oder anderen Kräutern verzieren.

Tomatenkörbchen

1 Eine Scheibe vom oberen Ende einer Tomate abschneiden. Den Rand der Tomate in V-Form einschneiden.

2 Die eingeschnittenen Teile herausnehmen. Die Tomate mit einem TL aushöhlen. Das Körbchen als Behälter für warme oder kalte Füllungen benutzen, mit Mayonnaise-Tupfen dekorieren.

TIP

Für einen besonderen Effekt Tomaten von unterschiedlichem Reifegrad und somit unterschiedlicher Farbe auswählen.

Reissalat „Bäuerinnenart“

INSALATA DI RISO ALLA CONTADINA

Dieser sommerliche Salat wird in gekochten Gemüsezwiebeln serviert.

Vorbereitungszeit: 30 Min.
Garzeit: ca. 1 Std.
Für 4 Personen

ZUTATEN
4 Gemüsezwiebeln
200 g Reis
50 g Erbsen
50 g Bohnen
2 reife Tomaten
1 kleine Selleriestange
100 g Champignons
50 g Salami
160 g gekochtes Hähnchenfilet
1 Zitrone
krause Petersilie
Olivenöl
Salz und Pfeffer

1 Die geschälten Zwiebeln in leicht gesalzenem Wasser ca. 25 Min. „al dente" kochen, abgießen und abkühlen lassen.

2 Vom oberen Teil der Zwiebeln eine Kappe abschneiden, die Zwiebeln aushöhlen. Einen festen Rand stehenlassen.

3 Den Reis in kochendem Salzwasser 15 Min. garen, abgießen und abkühlen lassen.

4 Erbsen und Bohnen getrennt kochen und abkühlen lassen. Bohnen, Sellerie, Salami, Tomaten und Fleisch kleinschneiden. Die Pilze putzen, in Scheiben schneiden und im Öl kurz anbraten.

5 Alle Zutaten, außer den Pilzen, mit Öl, Zitronensaft, Salz und 1 guten Prise Pfeffer anmachen.

6 Die Zwiebeln mit dem Salat füllen, und mit den Pilzscheiben und Petersilie anrichten.

Scampi-Muschel-Salat

INSALATA DI MARE

Meeresfrüchtesalat, originell und schmackhaft, in Grapefruitschalen serviert.

Vorbereitungszeit: 45 Min.
+ Zeit zum Abkühlen
Garzeit: 15 Min.
Für 4 Personen

ZUTATEN

- **200 g sehr frische Micsmuscheln**
- **300 g Scampi**
- **2 Grapefruits**
- **1 grüne oder rote Paprika**
- **1 EL gehackte Petersilie**
- **1 EL Worcestersauce**
- **2 EL Brandy**
- **1/2 l Gemüse- oder Fischbrühe**
- **2 EL Olivenöl**
- **Salz**

1 Grapefruits halbieren, Fruchtfleisch vorsichtig herauslösen und in Stücke schneiden. Grapefruitschalen beiseite stellen.

2 Muscheln garen, aus den Schalen lösen. Scampi 10 Min. in Brühe garen, bis auf 4 Stück schälen. Paprika in Streifen schneiden. Grapefruitfleisch, Scampi und Muscheln mit Brandy und Worcestersauce mischen.

3 Die Mischung abkühlen lassen und in die Grapefruitschalen füllen.

4 Mit Paprika und ganzen Scampi garnieren. Mit Petersilie bestreuen, mit Öl beträufeln und mit Salz würzen. Durchkühlen lassen.

Grapefruitschalen auf einen Teller setzen, mit Paprikawürfeln und Fenchelgrün umlegen und die Mitte des Tellers mit einem Salatherz dekorieren.

Eingelegtes Gemüse
CONSERVE DI VERDURE

Eingemachtes Gemüse kann als Vorspeise oder Beilage zu gekochtem oder gebratenem Fleisch serviert werden.

Süß-saure Zwiebeln

Vorbereitungszeit: 1 1/2 Std.
Garzeit: 1 Std.

ZUTATEN

- 2 kg junge Zwiebeln
- 30 g Sultaninen
- 200 g Tomatenpüree
- 1 EL Zucker
- Schale und Saft von 1/2 Zitrone
- 2 Nelken
- 1,5 cm Zimtstange
- 1 Lorbeerblatt
- 150 ml Essig
- 150 ml trockener Weißwein
- Salz und Pfeffer

1 Die Zwiebeln schälen. Alle Zutaten in einem Steinguttopf mischen. Mit Salz und Pfeffer würzen.

2 Unter Rühren aufkochen. Die Zwiebeln bißfest garen.

3 Die noch heißen Zwiebeln in sterile Gläser füllen, mit der Sauce bedecken und verschließen.

TIP

Falls die Sauce zu dünnflüssig ist, hebt man die Zwiebeln heraus und kocht die Sauce bis zur gewünschten Konsistenz ein.

Artischocken in Essig

Vorbereitungszeit: 30 Min.
Garzeit: 10 Min.

ZUTATEN

- 2 kg kleine Artischocken
- Saft von 2 Zitronen
- 2 Nelken
- 1,5 cm Zimtstange
- 1 Lorbeerblatt
- 1 TL Kümmel
- milder Essig
- Salz und Pfefferkörner

1 Artischocken putzen, Stiele, schadhafte Stellen und äußere Blätter entfernen. Salzwasser mit dem Zitronensaft aufkochen. Die Artischocken 10 Min. darin garen, dann abtropfen lassen.

2 Artischocken in sterile Einmachgläser geben, mit Salz, einigen Pfefferkörnern und allen übrigen Zutaten würzen. Vollständig mit Essig bedecken. Die Gläser verschließen und trokken und dunkel lagern. Artischokken in Essig sind mehrere Monate haltbar.

Apulische Paprika

PEPERONI PUGLIESI

An der Qualität des Öls sollte man auch hier nicht sparen, um keine Enttäuschungen zu erleben.

Vorbereitungszeit: 1 Std.
Garzeit: ca. 30 Min.

ZUTATEN

10 makellose, fleischige gelbe, rote und grüne Paprikaschoten
300 g Anchovisfilets in Öl
200 g Kapern
4-5 Knoblauchzehen
1 Bund Petersilie
1 Bund Basilikum
reichlich Olivenöl
reichlich Weißweinessig
Salz

1 Paprika gründlich waschen und trocknen. Ohne Samen und weiße Rippen in nicht zu schmale Streifen schneiden.

2 Reichlich Essig mit einer guten Prise Salz aufkochen. Die Paprikastreifen portionsweise 10 Min. darin kochen. Mit einer Schaumkelle herausheben und auf einem Küchentuch abtropfen und abkühlen lassen.

3 Diesen Vorgang 2-3mal wiederholen, dabei den Essig ständig kochen lassen.

4 Eine Schicht gut abgetropfter Paprika in ein großes Einmachglas geben: eine Schicht aus Knoblauchstückchen, Kapern, Anchovis, Basilikum- und Petersilienblättern darüberdecken. Alle Zutaten bis etwa 2 cm unter den Rand des Glases schichten.

5 Mit Olivenöl bedecken. Glas verschließen und mindestens 1 Tag stehen lassen. Danach evtl. mit Öl auffüllen, damit die Paprika wieder ganz bedeckt sind.

6 Glas verschließen und mindestens 1 Monat kühl und dunkel lagern.

Eingelegter Blumenkohl

CAVOLFIORE ALL'ACETO

Dieser Blumenkohl kann für gemischte Salate verwendet werden oder für die Zubereitung kalter Saucen.

Vorbereitungszeit: ca. 1 Std.
Garzeit: 5 Min.

ZUTATEN

- **3-4 kg Blumenkohl**
- **einige Zweige Estragon**
- **2-3 Lorbeerblätter**
- **1 Stück Zimtstange**
- **Schale von 1 Zitrone**
- **1,5 l Weißweinessig**
- **1/4 l Weißwein**
- **Olivenöl**
- **10 Pfefferkörner**
- **Salz**

1 Den Blumenkohl sorgfältig unter fließendem Wasser waschen, alle Blätter entfernen und den Strunk abschneiden.

2 Den Kohl in möglichst gleich große Röschen zerteilen und in stark gesalzenes Wasser legen.

3 Inzwischen Essig und Wein mit Pfefferkörnern, Zimt, Zitronenschale, Lorbeer und Salz aufkochen.

4 Den Blumenkohl einlegen, 5 Min. kochen und gut abtropfen lassen.

5 Die Blumenkohlröschen abkühlen lassen und vorsichtig trockentupfen.

6 Die Röschen eng mit Pfefferkörnern und je 1 Lorbeerblatt in sterile Einmachgläser legen. Mit Olivenöl bedecken, Estragonblätter hineinkrümeln.

7 Das Öl gut einziehen lassen. Evtl. etwas Öl nachgießen, bevor die Gläser luftdicht verschlossen werden. Kühl und dunkel lagern.

Eingelegte Champignons
FUNGHI SOTTACETO

Rosé Champignons sind für dieses Gericht am besten geeignet. Sie sollten klein, fest und geschlossen sein.

Vorbereitungszeit: ca. 1 Std.

Z U T A T E N

2 kg rosé Champignons
1 Zitrone
1 EL Mehl
2 Lorbeerblätter
3-4 Nelken
2 Zweige Estragon
1 kleines Stück Zimtstange
Weißweinessig
kaltgepreßtes Olivenöl
Salz und Pfeffer

1 Die Enden der Pilzstiele abschneiden, die Pilze gut mit einem feuchten Tuch säubern. Das Mehl in mit Zitronensaft gesäuertes Wasser einrühren, die Pilze zugeben.

2 ¾ l Salzwasser mit etwas Zitronensaft aufkochen, die Pilze hinzufügen, umrühren und bei starker Hitze 3-4 Min. kochen.

3 Getrennt reichlich Essig, Zimt, Nelken, Lorbeerblätter und 1 TL Salz aufkochen und einen Moment kochen lassen.

4 Die Pilze abtropfen lassen, trockentupfen und auf Gläser verteilen.

5 Pfefferkörner und Estragon zugeben. Den Essig durchseihen und die Pilze vollständig damit bedecken.

6 Etwas Öl auf die Oberfläche gießen, den Rand des Glases abtrocknen, das Glas luftdicht verschließen und trocken und dunkel lagern.

Die eingelegten Pilze können als Vorspeise oder als Beilage zu kalten Gerichten serviert werden.

Eingelegte Sardinen
SARDINE SOTTO SALE

Diese Sardinen werden vor dem Verzehr zum Entsalzen in Milch eingelegt und mit Öl und Zitronensaft gewürzt serviert.

Vorbereitungszeit: 30 Min.
+ Zeit zum Ruhen

ZUTATEN
500 g frische Sardinen
Lorbeerblätter
1 Paket grobes Salz

1 Fische waschen, auf ein Tuch legen und mit einem zweiten Tuch trockentupfen. Inzwischen ein hohes Glas mit weiter Öffnung und Deckel gründlich säubern und trocknen.

2 Eine etwa 1½ cm dicke Schicht grobes Salz hineingeben.

3 Eine Schicht Sardinen eng nebeneinander auf das Salz legen, mit Salz bestreuen.

4 Weitere Schichten einfüllen, ab und zu einige Lorbeerblätter auflegen, mit einer Schicht Salz abschließen.

5 Einen passenden Glasdeckel (auch Porzellan) auflegen.

6 Mit einem Gewicht beschweren (auch ein Stein ist geeignet), und das Glas mit Pergamentpapier verschließen. Etwa 1 Monat einlegen, von Zeit zu Zeit kontrollieren, ob die obere Schicht Fisch gut feucht ist, evtl. mit Salzwasser auffüllen.

Als Vorspeise servieren oder für die Herstellung appetitlicher kalter Saucen verwenden.

Sauer eingelegte Aale

ANGUILLA IN CARPIONE

Diese Aale können mehrere Tage im voraus zubereitet und als delikate kalte Vorspeise serviert werden.

Vorbereitungszeit: 1½ Std.
Garzeit: ca. 20 Min.
Für 4 Personen

ZUTATEN

- **4 kleine Aale**
- **2 Karotten in Scheiben**
- **1 Zwiebel in Scheiben**
- **1 Stange Bleichsellerie in Scheiben**
- **100 g entsteinte Oliven**
- **etwas Zitronenschale**
- **2 Knoblauchzehen in Scheiben**
- **2 Lorbeerblätter**
- **6 EL Mehl**
- **Maismehl zum Abreiben**
- **1 kleines Stück Peperone**
- **¾ l Weißweinessig**
- **½ l Weißwein**
- **Olivenöl**
- **Salz und Pfeffer**

3 Herausheben und zum Abtropfen auf Küchenpapier legen, mit Salz und Pfeffer würzen.

4 Essig, Wein, Knoblauch, Peperone, Pfeffer, Lorbeer, 2 EL Öl, Zitronenschale, Karotten, Sellerie, Zwiebel, Oliven, Salz in einer Kasserolle aufkochen und 5 Min. köcheln lassen.

1 Aale mit dem Maismehl abreiben, um den Schleim zu entfernen, ausnehmen und in 6-7 cm lange Stücke schneiden. Unter fließendem Wasser waschen, trockentupfen.

2 Aale in Mehl wenden und ca. 15 Min. von beiden Seiten in heißem Öl braten, abkühlen lassen.

5 Aalstücke mit der kochenden Marinade begießen. Sollte die Flüssigkeit nicht ausreichen, um alles gut zu bedecken, noch etwas kochenden Essig zugeben.

6 Aale mindestens 2 Tage marinieren, von Zeit zu Zeit wenden.

Eingelegte Tintenfische
CALAMARI MARINATI

Die so zubereiteten Tintenfische halten sich ca. 1 Monat im Kühlschrank.

Vorbereitungszeit: 2 Std.
Garzeit: ca. 15 Min.
Für 1 Glas mit 1 l Inhalt

ZUTATEN

- ca. 2 kg kleine Tintenfische
- 2 grob gehackte Knoblauchzehen
- 3-4 rote Peperoni
- 200 g entsteinte grüne Oliven
- 1 kleingehackte Zwiebel
- 1 gewürfelte Karotte
- 1 Stange Sellerie in Scheiben
- 2 Lorbeerblätter
- 1 Prise Thymian
- ca. 1 l Weißweinessig
- 1/8 l Olivenöl
- Salz und Pfefferkörner

1 Gemüse und Zwiebel in reichlich Salzwasser mit 1 EL Essig aufkochen. Die Tintenfische putzen, die Haut abziehen. Die Tintenfische waschen und ca. 10 Min. mit dem Gemüse garen.

2 Die Tintenfische herausnehmen, abtropfen lassen und trockentupfen.

TIP

Die Tintenfische als Vorspeise mit eingelegten Sardinen, Makrelen und Zwiebelsalat servieren.

3 Die Knoblauchzehen im Olivenöl anbraten, Tintenfische und Oliven zugeben und unter Rühren 5 Min. kochen. Abkühlen lassen.

4 Den Essig mit etwas Salz, einigen Pfefferkörnern, Thymian und Lorbeerblättern aufkochen.

5 Tintenfische und Oliven abtropfen lassen, in ein Einmachglas füllen. Den Bratsud ohne Knoblauch aufbewahren.

6 Die Tintenfische mit Essigsud bedecken, dann Bratsud angießen. Die Peperoni zugeben. Das Glas luftdicht verschließen. Im Kühlschrank ca. 1 Monat haltbar.

Schwarze Oliven-Creme

CREMA DI OLIVE

Diese Creme ist zum Füllen von hartgekochten Eiern und frischen Tomaten ebenso geeignet wie als Brotaufstrich.

Vorbereitungszeit: 30 Min.
Für 4-6 Personen

ZUTATEN

- 200 g entsteinte schwarze Oliven
- 80 g Anchovisfilets
- 50 g eingelegte Kapern
- Saft von 1 Zitrone
- 1 EL Brandy
- 200 ml Olivenöl
- Salz und Pfeffer

1 Anchovis wässern. Kapern unter fließend kaltem Wasser abspülen, trockentupfen.

2 Oliven, Anchovis und Kapern entweder im Mörser stampfen oder mit einem Wiegemesser sehr fein zerkleinern.

3 Das Mus mit einem Löffel durch ein feinmaschiges Sieb in eine Schüssel streichen.

4 Unter ständigem Rühren langsam das Öl zugeben, bis die Creme die Konsistenz von Mayonnaise hat.

5 Schließlich Zitronensaft, Brandy, 1 Msp. Salz und frisch gemahlenen Pfeffer hinzufügen.

6 Zum Aufbewahren eine größere Menge Creme zubereiten und in luftdicht verschließbare Gefäße füllen.

TIP

Mit dieser Creme eine appetitliche Vorspeise zubereiten: geröstete Brotdreiecke damit bestreichen, halbe hartgekochte Eier damit füllen und mit gehacktem Eigelb bestreuen. Nach Geschmack garnieren.

Gefüllte Pilze auf geröstetem Brot

CROSTONI DI FUNGHI

Die gefüllten Pilzköpfe sind als delikate Beilage zu gebratenem Fleisch oder als warme Vorspeise geeignet.

Vorbereitungszeit: 40 Min.
Garzeit: ca. 40 Min.
Für 4 Personen

ZUTATEN
8 große Steinpilze
8 Scheiben Brot zum Rösten
1 Bund Petersilie, gehackt
1 Bund Basilikum, gehackt
1 gehackte Knoblauchzehe
1 EL Paniermehl
5 EL Olivenöl
Salz und Pfeffer

1 Die Pilze säubern, den Kopf vom Stiel trennen und ihn vorsichtig etwas aushöhlen.

2 2 EL Öl, die Hälfte der Kräuter, die Pilzstiele und das Innere der Pilzköpfe zugeben. Salzen, pfeffern und ca. 5 Min. köcheln. Von Zeit zu Zeit umrühren. Abkühlen lassen und fein hacken.

3 Die restlichen gehackten Kräuter, das Paniermehl und die gekochten, gehackten Pilze in eine Schüssel geben.

4 2 EL Öl zugeben und umrühren, damit sich die Zutaten gut verbinden.

5 Diese Mischung mit einem Löffel in die Pilzköpfe verteilen und jeweils mit Öl beträufeln. Backofen auf 170° C vorheizen.

6 Die gefüllten Pilzköpfe in eine feuerfeste Form legen, würzen, nochmals mit Öl beträufeln und 20-25 Min. backen.

7 Das Brot im Ofen rösten, auf jede Scheibe einen Pilzkopf legen, heiß servieren. Nach Geschmack mit Basilikumblättern und krauser Petersilie dekorieren.

„Bellavista-Eier“

VOVA IN BELLAVISTA

Die mit Leber- oder Schinkenpastete gefüllten und mit Mayonnaise dekorierten Eier serviert man als Entree auf frischem Salat.

Vorbereitungszeit: 1 Std.
Für 6 Personen

Z U T A T E N

12 hartgekochte Eier
400 g Leber- oder Schinkenpastete, fertig gekauft
50 g Butter
300 g Mayonnaise
einige Tropfen Worcestersauce
2 EL Cognac

1 Die Eier der Länge nach halbieren, das Eigelb herausnehmen und durch ein Sieb streichen. Die Butter cremig schlagen und mit Eigelb, Cognac, 2 EL Mayonnaise, Worcestersauce und Pastete verrühren.

2 Die Eiweiß mit der Mischung füllen. Mit Mayonnaise dekorieren.

Mayonnaise

Vorbereitungszeit: 20 Min.
Für 4 Personen

Z U T A T E N

200 ml Olivenöl
1 Eigelb
1/2 Zitrone (oder 1 EL Weißweinessig)
Salz und Pfeffer

1 Das Eigelb mit einer Prise Salz, Pfeffer und einigen Tropfen Zitronensaft oder Essig verschlagen, bis es weißlich geworden ist.

2 Öl hinzufügen und zu einer festen Masse verrühren, mit einigen Tropfen Zitrone verdünnen. Diesen Vorgang wiederholen; bis alle Zutaten verarbeitet sind.

3 Die Mayonnaise ist fertig, wenn sie sehr fest ist und am Schneebesen hängenbleibt. An diesem Punkt kann das Eigelb kein Öl mehr aufnehmen.

Fleischbrühe mit Ei

STRACCIATELLA

Diese Suppe wird je nach Region mit Zitronenschale oder Petersilie gewürzt.

Vorbereitungszeit: 15 Min.
Garzeit: 3-4 Min.
Für 4 Personen

ZUTATEN
4 Eier
4-5 EL geriebener Parmesan
1 EL gehackte Petersilie
geriebene Muskatnuß
1 1/2 l Fleischbrühe
Salz

1 Eier verquirlen und den Parmesan zugeben. Gleichmäßig verrühren.

2 Wenn die Mischung glatt ist, mit Petersilie, einer Prise Salz und geriebener Muskatnuß würzen.

3 Mit 100 ml kalter Brühe verdünnen und gründlich verquirlen.

4 Restliche Brühe aufkochen, Ei-Käse-Mischung nach und nach hineingießen, 3-4 Min. bei mittlerer Hitze unter ständigem Schlagen mit dem Schneebesen köcheln lassen.

TIP

Um die Suppe etwas mehr zu binden, 3 EL feinen Grieß zur Eimischung geben. Nach Geschmack geriebenen Parmesan getrennt zur Suppe servieren.

Delikate Suppen mit Ei

MINESTRE DELICATE

Zwei Suppen à la minute — mit ganz frischen Eiern und guter Fleischbrühe zubereitet.

Grießsuppe

Vorbereitungszeit: 15 Min.
Garzeit: 3-4 Min.
Für 4 Personen

ZUTATEN
3 Eier
3 EL feiner Grieß
1,5 l Brühe
1 EL feingehackte Petersilie
reichlich geriebener Parmesan
Croûtons
geriebene Muskatnuß
Salz

1 Die Eier mit dem Schneebesen verschlagen, 4 oder 5 EL Parmesan und den Grieß einrühren.

2 Mit dem Schneebesen verschlagen, bis alles gründlich vermischt ist, dann die Petersilie zugeben.

3 Mit Salz und Muskatnuß würzen. 1/2 Kelle kalte Brühe langsam einrühren. Evtl. mit etwas Sahne verfeinern.

4 Die restliche Brühe aufkochen. Unter ständigem Schlagen mit dem Schneebesen die Eimischung zugeben.

5 Die Suppe bei wenig Hitze unter ständigem Rühren 3-4 Min. kochen. Vom Herd nehmen und sofort mit den gerösteten Croûtons und Parmesankäse servieren.

Hafersuppe

Vorbereitungszeit: 5 Min.
Garzeit: ca. 30 Min.
Für 4 Personen

ZUTATEN
4 EL Haferflocken
2 Eigelb
1,5 l Brühe
reichlich geriebener Parmesan
2 EL gehackte Petersilie

1 Die Haferflocken in der kalten Brühe auflösen, aufkochen und ca. 30 Min. garen.

2 Die Eigelb mit etwas heißer Brühe verschlagen und langsam unter die Suppe rühren.

3 Die Suppe vom Herd nehmen, in eine Suppenschüssel füllen und mit reichlich geriebenem Parmesan bestreuen. Vor dem Servieren mit Petersilie bestreuen.

Fleischbrühe mit Käse

ZUPPA PAVESE

Diese leckere Suppe wird mit ganz frischen Eiern und bester Fleischbrühe zubereitet und in Suppentassen serviert.

Vorbereitungszeit: ca. 20 Min.
Garzeit: 10 Min.
Für 4 Personen

ZUTATEN

8 frische Eier
4 Scheiben Weißbrot
100 g Butter
1 l Fleischbrühe
geriebener Parmesan
Salz

1 Die Brühe aufkochen und evtl. mit Salz abschmecken.

2 Die Brotscheiben diagonal halbieren und in der heißen Butter von beiden Seiten goldbraun braten.

TIP

Zum Abschluß reichlich geriebenen Parmesan über die Fleischbrühe streuen und kurz überkochen.

3 Die Brotscheiben aus der Butter heben und auf Küchenpapier abtropfen lassen.

4 Je 2 Brotstücke in die Suppentassen legen.

5 Vorsichtig je 2 Eier auf das Brot schlagen und mit reichlich geriebenem Parmesankäse bestreuen.

6 Die heiße Brühe darübergießen, dabei darauf achten, daß die Eigelb ganz bleiben. Sofort servieren.

Tomatensuppe mit Basilikum

MINESTRA DI POMODORO E BASILICO

Diese Suppe verbindet die Würze von frischem Basilikum mit der angenehmen Säure von reifen Tomaten. Crème fraîche gibt den Pfiff.

Vorbereitungszeit: 15 Min.
Garzeit: 10 Min.
Für 6 Portionen

ZUTATEN

2,3 kg Tomaten
24 große Basilikumblätter
175 g gesalzene Butter
Salz und schwarzer Pfeffer
75 g Crème fraîche

1 Die Tomaten 5-7 Sek. in kochendem Wasser blanchieren, die Haut abziehen und halbieren. Saft und Samen durch ein Sieb geben. Den Saft aufheben, das Fruchtfleisch in Streifen schneiden.

2 6 Basilikumblätter beiseite legen, den Rest grob hakken. Tomatenstreifen, Saft, Basilikum und Butter bei mittlerer Hitze wenig rühren.

3 Wenn die Tomatenstreifen sich auflösen, die Hitze erhöhen, die restliche Butter zugeben und kräftig rühren. Mit Salz und Pfeffer würzen.

4 Die Suppe auf Teller füllen, Crème fraîche in die Mitte geben und mit den ganzen Basilikumblättern garnieren. Sofort servieren.

TIP

Kleinere Mengen Tomaten häutet man, indem man sie einritzt, auf eine Gabel steckt und über einer Flamme oder auf dem Grill dreht, bis die Haut sich löst.

Warme Baguettes dazu servieren.

Tomatenstreifen, Saft und Basilikum mit 50 g Butter bei höchster Temperatur (100 %) zugedeckt 10 Min. garen. Die restliche Butter unterschlagen und in weiteren 5-10 Min. die Tomaten weich kochen, würzen und aufgewärmte Brötchen dazu servieren. 6 Brötchen benötigen zum Auftauen 2-3 Min. Bei dieser Stufe trocknen sie nicht aus.

Tomaten-Brot-Suppe
PAPPA AL POMODORO

Dieses klassische Gericht aus der Toskana schmeckt heiß, kalt oder wieder aufgewärmt sehr gut.

Vorbereitungszeit: 1 Std.
Garzeit: ca. 45 Min.
Für 4 Personen

ZUTATEN

800 g reife Tomaten ohne Haut, gewürfelt

250 g altbackenes Brot, in Würfel geschnitten

1 Zwiebel

1 Bund Basilikum

1½ l Fleischbrühe

Olivenöl

Salz und schwarze Pfefferkörner

1 Zwiebel fein hacken und bei wenig Hitze in 2 EL Öl weich dünsten, ohne Farbe nehmen zu lassen.

2 Die Brotwürfel zu den Zwiebeln geben und gleichmäßig im Öl wenden.

3 Wenn das Brot leicht gebräunt ist, die Tomatenwürfel zugeben.

4 Alles gut miteinander vermischen und ca. 5 Min. köcheln lassen.

5 Mit der Brühe zu einer nicht zu dickflüssigen Suppe auffüllen. Salz und eine gute Prise frisch gemahlenen Pfeffer hinzufügen und ca. ½ Std. unter gelegentlichem Rühren köcheln.

6 Kurz vor dem Servieren grob geschnittene Basilikumblätter und etwas Öl hineingeben. Einige Min. ruhen lassen.

TIP

Vorzugsweise Graubrot und nicht zu konzentrierte Brühe verwenden, da die Brühe sonst zu sehr vorschmeckt.

Kalte Gemüsesuppe
PASSATO DI VERDURA

Diese Gemüsesuppe erinnert ein wenig an „gazpacho", die spanische kalte Tomatensuppe. Man kann sie mit Crème fraîche verfeinern.

Vorbereitungszeit: 30 Min.
Für 4 Personen

ZUTATEN
2 grüne Paprikaschoten
1 Salatgurke
1 Zwiebel
500 g reife Tomaten
1 Knoblauchzehe
1 Peperone
1 Scheibe Wirsingherz
1 Stange Bleichsellerie
Semmelbrösel
4 EL Olivenöl
4 EL Essig
Salz und Pfeffer

1 Semmelbrösel in Essig einweichen. Gurke schälen und in Scheiben schneiden, Paprika halbieren, Samen und weiße Rippen entfernen und würfeln, Zwiebel würfeln. Sellerie und Wirsing in Streifen schneiden.

2 Tomaten waschen, auf Küchenpapier abtropfen lassen, in kleine Würfel schneiden.

3 Von den Semmelbröseln den überflüssigen Essig abgießen, Brösel mit Knoblauch und Peperone im Mörser zerstampfen, mit Öl, Salz und Pfeffer würzen.

4 Alle Gemüse in eine Küchenmaschine geben und zu Brei pürieren.

5 Gemüse mit der Bröselpaste mischen. Evtl. etwas Wasser zur Suppe geben. Mit Salz und Pfeffer abschmecken.

6 Auf Suppenteller verteilen und kurz vor dem Servieren Eiswürfel in die Suppe geben.

Nudeln
PASTA

Typischer Pasta-Teig

Je frischer die Eier sind, desto gelber wird der Teig.

Vorbereitungszeit: 1¾ Std. +1 Std. oder über Nacht
Ergibt: 450 g

ZUTATEN
450 g Mehl, Mehl zum Bestäuben
1 TL Salz
4 Eier
1 TL Olivenöl

1 In die Mitte von gesiebtem Mehl und Salz Eier, Öl und 3 EL kaltes Wasser geben.

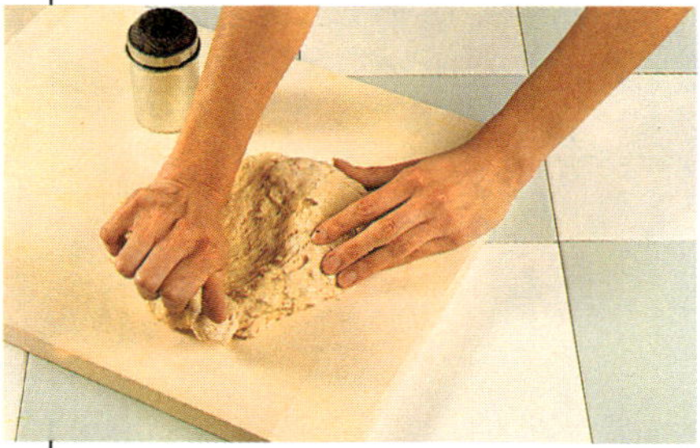

2 Das Mehl unterarbeiten, dann den Teig auf einer Arbeitsplatte verkneten. Dafür den Teig mit dem Handballen ziehen, zusammenkneten, wieder ziehen. Dabei den Teig jedesmal um ¼ drehen. 15 Min. kneten, bis der Teig glatt und geschmeidig ist und sich kleine Luftblasen unter der Oberfläche bilden.

3 In einer Plastiktüte 1 Std. bei Raumtemperatur oder über Nacht im Kühlschrank ruhen lassen.

4 Den Teig in 4 Teile teilen, 3 in der Tüte lassen, den vierten auf einer bemehlten Arbeitsfläche so dünn wie möglich ausrollen. Vor dem Zuschneiden 10 Min. ruhen lassen.

Grüne Nudeln: 350 g Mehl, ¼ TL Salz, 2 Eier, 1 EL Crème double, 5 EL pürierter Spinat.

Rote Nudeln: Eier und Öl mit 3 EL Tomatenpüree vermischt zum Mehl geben.

Zubereitung von Pasta

Frische oder abgepackte Nudeln werden auf dieselbe Art gekocht und serviert.

Wieviel?

Zwischen 50-70 g abgepackte und bis zu 225 g frische Nudeln rechnet man pro Person.

Perfektes Kochen

Entweder man kocht Pasta in kochendem Wasser oder man gart größere Stücke in Sauce. Pro 450 g Nudeln 3,4 l Wasser mit 2 TL Salz aufkochen. 1 EL Öl zugeben, damit die Nudeln nicht zusammenkleben. Die Nudeln ins sprudelnd kochende Wasser geben. Geformte Nudeln gibt man langsam nach und nach ein, damit das Wasser die Temperatur behält. Spaghetti werden in Bündeln ins Wasser gelegt. Wenn

sie weich werden, gehen sie vollständig unter. Mit einer Gabel umrühren, um sie voneinander zu lösen. Nie mit geschlossenem Deckel kochen, da sie sonst schäumend überkochen und man den Topf vom Herd nehmen muß. Je nach Größe abgepackte Pasta 10-12 und frische 3-8 Min. kochen. Röhrennudeln vor dem Füllen kochen. Lasagne kann man schichtweise mit Sauce bedeckt garen.

Wann sind die Nudeln gar?

Pasta sollte al dente, also bißfest gegart werden.

Pasta in der Mikrowelle

Abgepackte: 1,7 l kochendes Wasser 2 Min. bei Hochtemperatur (100 %) erhitzen. Salz, Öl und 225 g Pasta zugeben, auf 100 % nicht zugedeckt 5 Min. garen. Abdecken, 5 Min. ruhen lassen.

Frische: Nicht abgedeckt in kochendem Wasser 1 Min. bei 100 % garen, 1-2 Min. ruhen lassen.

Als letztes:

Die Nudeln abgießen und im Topf max. 1 Min. in Butter schwenken.

Aufwärmen:

Mehr Butter als zum Schwenken unter die heißen Nudeln rühren, abkühlen lassen und im Topf bei Gebrauch aufwärmen.

Spaghetti Bolognese

SPAGHETTI ALLA BOLOGNESE

Dieses Fleisch-Nudel-Gericht, mit warmen Baguettes und knackigem grünem Salat serviert, schmeckt Kindern genauso gut wie Erwachsenen.

Vorbereitungszeit: 15 Min.
Garzeit: 40 Min.
Für 4-6 Personen

ZUTATEN

2 EL Olivenöl
1 große, feingehackte Zwiebel
2 zerdrückte Knoblauchzehen
2 geschälte, gehackte Karotten
1 gehackte Selleriestange
100 g gewürfelter durchwachsener Speck
700 g Rinderhack
Salz und Pfeffer
300 ml Rinderbrühe
400 g gehackte Tomaten aus der Dose
1 EL Tomatenmark
100 ml Rotwein
1 Prise Zucker
1 EL Oregano
450 g Spaghetti
frisch geriebener Parmesan zum Servieren

1 Für die Sauce das Öl erhitzen, Knoblauch, Karotten, Sellerie und Speck 5 Min. anbräunen.

2 Das Fleisch zugeben, 5 Min. bei starker Hitze unter ständigem Rühren leicht anbraten, mit Salz und Pfeffer würzen.

3 Brühe, Tomaten, Püree, Wein, Zucker und Oregano zugeben. 10 Min. kochen, dann 20 Min. bei wenig Hitze köcheln lassen.

4 Inzwischen die Spaghetti »al dente« kochen. Gut abgetropft auf vorgewärmte Teller verteilen, mit Sauce und frisch geriebenem Parmesan servieren.

Spaghetti Amatriciana

SPAGHETTI ALL'AMATRICIANA

Diese Spezialität aus den Abruzzen ist delikat und nahrhaft. Sie wird mit einer Tomatensauce serviert.

Vorbereitungszeit: 20 Min.
Garzeit: 10-15 Min.
Für 4 Personen

ZUTATEN

400 g Spaghetti

100 g gewürfelter durchwachsener Speck

300 g Tomaten aus der Dose

1 gehackter Peperone

50 ml Olivenöl

Salz

1 Das Öl erhitzen, Speck zugeben und leicht anbräunen.

2 Speckwürfel aus dem Fett herausheben, auf Küchenpapier abtropfen lassen und warm stellen.

3 Feingehackten Peperone in das Fett geben, ca. 4 Min. braten.

4 Tomaten abtropfen lassen, zugeben und mit Salz und Pfeffer würzen. 5-6 Min. köcheln lassen.

5 Tomatensauce mit den zuvor gebräunten Speckwürfeln vervollständigen.

6 Spaghetti in kochendem Salzwasser ca. 10 Min. garen. Abgießen und zur Sauce in die Pfanne geben, sorgfältig mischen und sofort sehr heiß auftragen.

Spaghetti warm und kalt

SPAGHETTI CALDI E FREDDI

Zwei sehr appetitliche Nudelgerichte, die schnell zubereitet sind. Eines ißt man warm, das andere schmeckt kalt sehr gut.

Spaghetti mit Öl und Knoblauch

Vorbereitungszeit: 5 Min.
Garzeit: ca. 10 Min.
Für 4 Personen

ZUTATEN
400 g Spaghetti
2-3 Knoblauchzehen
7 EL Olivenöl
1 Stückchen roter Peperone
Salz

1 Die Spaghetti in reichlich kochendem Salzwasser aufsetzen. Knoblauch und Peperone hacken.

2 Während die Spaghetti die letzten 3 Min. kochen, 5 EL Öl bei wenig Hitze aufkochen.

3 Den Herd ausstellen und Knoblauch und Peperone hinzufügen. Den Knoblauch glasig werden lassen, in der Zwischenzeit die Spaghetti abgießen.

4 Die Nudeln in eine vorgewärmte Schüssel geben, mit dem verbliebenen kalten Öl und dem warmen Knoblauchöl vermischen, umrühren und sofort, noch heiß, servieren.

Scharfe Spaghetti, kalt

Vorbereitungszeit: 10 Min.
Garzeit: ca. 10 Min.
Für 4 Personen

ZUTATEN
400 g Spaghetti
2 EL Senf
2 EL Schnittlauchröllchen
2 Eier
2 gestrichene EL Estragon
100 ml kaltgepreßtes Olivenöl
Salz

1 Die Spaghetti in reichlich kochendem Salzwasser garen, abgießen und unter fließendem kaltem Wasser abschrecken, abtropfen lassen.

2 Die Eier hart kochen, das Eigelb mit dem Senf verrühren. Langsam das Öl hinzufügen und zu einer festen, cremigen Sauce verrühren.

3 Estragon und Schnittlauch zur Sauce geben. Mit Salz abschmecken und umrühren.

4 Die Sauce mit den Spaghetti verrühren und nach Belieben mit gekochten Eistückchen garnieren.

Spaghetti Carbonara

SPAGHETTI ALLA CARBONARA

Dieses traditionelle Gericht aus den Tälern des Apennin wird mit Speck und Knoblauch verfeinert.

Vorbereitungszeit: 30 Min.
Garzeit: 20 Min.
Für 4 Personen

ZUTATEN
400 g Spaghetti
100 g gewürfelter durchwachsener Speck
25 g geriebener Parmesan
25 g geriebener Pecorino
20 g Butter
4 Eier
1 zerdrückte Knoblauchzehe
Salz und Pfeffer

1 Für die Sauce den Speck und die Eier in einer Schüssel verquirlen.

2 Butter mit dem zerdrückten Knoblauch in einer Pfanne erhitzen und den Speck zugeben.

3 Spaghetti mit Salzwasser bedecken und ca. 10 Min. kochen, abgießen und zum Speck in die Pfanne geben.

4 Vom Herd nehmen, umrühren, und verquirlte Eier, gemahlenen Pfeffer und jeweils die Hälfte der beiden Käsesorten zugeben.

5 Sobald die Eimasse dickflüssig wird, den restlichen Käse zugeben, und sofort servieren.

TIP

Um die Sauce zu verfeinern, gibt man 3 EL Sahne zu den verquirlten Eiern. Dadurch wird das Gericht besonders delikat.

Spaghetti mit Auberginen
SPAGHETTI ALLA PALERMITANA

Auberginen und Tomaten sind die wichtigsten Zutaten für diese schmackhafte Sauce, die zu Spaghetti oder Fusilli paßt.

Vorbereitungszeit: 30 Min.
Garzeit: 20 Min.
Für 4 Personen

ZUTATEN

350 g Spaghetti (oder Fusilli)
2 kleine Auberginen
500 g reife Tomaten
1 Knoblauchzehe
1 Zwiebel in Scheiben
1/2 Bund Basilikum
1/4 roter Peperone
Oliven- und Keimöl
Salz

3 Auberginen putzen und in Scheiben schneiden, trokkentupfen, in Keimöl fritieren, abtropfen lassen und salzen.

1 Peperone sehr fein hacken und mit dem Knoblauch und der Zwiebel in 4 EL Olivenöl unter Rühren andünsten.

2 Tomaten mit kochendem Wasser überbrühen, häuten und ohne Kerne kleinschneiden. Zur Zwiebel geben und unter gelegentlichem Rühren 10 Min. einköcheln lassen. Spaghetti in Salzwasser „al dente" garen, abgießen und warm stellen.

4 Spaghetti mit der Tomatensauce vermengen, Auberginenscheiben auflegen und mit gehacktem Basilikum bestreuen.

TIP

Für ein etwas leichteres Gericht Auberginenscheiben in einer gußeisernen Pfanne ohne Fett garen, anstatt sie in Öl zu fritieren. Nach Geschmack gehackte schwarze Oliven in die Tomatensauce geben.

Spaghetti mit Paprikasauce

SPAGHETTI AI PEPERONI

Diese Pasta wird kalt serviert
und erst im letzten Moment mit reichlich
Basilikum, Petersilie und Thymian gewürzt.

Vorbereitungszeit: 30 Min.
+ Zeit zum Abkühlen
Garzeit: ca. 15 Min.
Für 4 Personen

ZUTATEN

- 400 g Spaghetti
- 3 große, reife Tomaten
- 1 rote Paprikaschote
- je 1/2 gelbe und grüne Paprikaschote
- 1 Bund Basilikum
- 1 EL Senf
- einige Tropfen Worcestersauce
- Olivenöl
- Saft von 1 Zitrone
- Salz

1 Tomaten kurz in kochendes Wasser legen, abschrecken und häuten. Fruchtfleisch ohne Kerne kleinschneiden.

2 Paprika über einer Flamme anrösten, bis die Haut Blasen wirft. Die Haut abziehen, das Fleisch ohne Samen und weiße Rippen würfeln.

3 Den Zitronensaft mit etwas Salz und nach und nach mit Öl, Senf und Worcestersauce verschlagen.

4 Spaghetti in reichlich Salzwasser „al dente“ garen, abgießen und mit kaltem Wasser abschrecken. Sehr gründlich abtropfen lassen.

5 Spaghetti, Paprika und Tomaten in einer großen Schüssel mit der Sauce sorgfältig mischen. Vor dem Servieren mindestens 1 Std. kühlen, dann mit gehackten Kräutern bestreuen.

Als rustikales Abendessen mit frischen Basilikumblättchen garniert servieren.

Makkaroni mit Gemüsesauce

RIGATONI ALLA GIARDINIERA

Dieses Nudelgericht sollte heiß serviert werden. Der durchwachsene Speck kann auch durch Mett ersetzt werden.

Vorbereitungszeit: 30 Min.
Garzeit: ca. 1 Std.
Für 4 Personen

ZUTATEN
350 g Makkaroni
1 Zwiebel
3 Zucchini
1 Aubergine
150 g durchwachsener Speck
70 g Butter
500 g reife Tomaten
1 Bund Basilikum
2 Knoblauchzehen
3 EL Olivenöl
Salz und Pfeffer

1 Zwiebel fein hacken. Stielansatz der Aubergine abschneiden, den Rest schälen und würfeln. Zucchini putzen und würfeln. Speck würfeln.

2 Tomaten in kochendem Wasser kurz brühen, häuten und mit einer Gabel zerdrücken.

3 Butter und Öl erhitzen, Speck und Zwiebel hineingeben.

4 Leicht anbräunen, 1 ganze Knoblauchzehe, Zucchini- und Auberginenwürfel zugeben, mit Salz und Pfeffer würzen und sorgfältig mischen.

5 Die Tomaten zugeben und die Sauce zugedeckt bei niedriger Hitze köcheln lassen, ab und zu umrühren. Inzwischen Makkaroni in kochendem Salzwasser „al dente“ garen und abgießen.

6 Basilikum und Knoblauch fein hacken, zur Sauce geben und mit den Nudeln mischen. Evtl. mit geriebenem Parmesan bestreuen.

Makkaroni mit Sardinen

RIGATONI CON LE SARDE

Die Sauce kann man mit Fenchelherzen, die zuvor in Salzwasser gekocht wurden, und Pinienkernen noch raffinierter anrichten.

Vorbereitungszeit: 1 1/2 Std.
Garzeit: 20 Min.
Für 4 Personen

ZUTATEN

- **400 g Makkaroni**
- **500 g frische Sardinen**
- **2 zerpreßte Knoblauchzehen**
- **1 EL Rosinen**
- **1 EL Semmelbrösel**
- **1 Bund Petersilie, gehackt**
- **4 EL Olivenöl**
- **Salz**

1 Rosinen in kaltem Wasser einweichen. Köpfe und Eingeweide der Sardinen in einem Arbeitsgang entfernen. Die Fische waschen.

2 Knoblauch in Öl anbräunen. Die Fische zugeben und anbraten. Mit Petersilie bestreuen.

3 Sardinen bei mittlerer Hitze ca. 10 Min. garen, abgetropfte Rosinen hinzufügen, und die Fische vorsichtig wenden.

4 Semmelbrösel gleichmäßig darüberstreuen, und die Fische fertiggaren, dabei ab und zu die Pfanne rütteln, die Fische nicht mehr wenden.

5 Inzwischen Makkaroni in reichlich kochendem Salzwasser „al dente" garen, abgießen und in eine große Schüssel geben. Mit den Sardinen anrichten. Vor dem Servieren einige Min. ruhen lassen.

Makkaroni vom Spieß

FUSILLI

Diese Makkaroni, die in Süditalien weit verbreitet sind, werden in einigen Landstrichen auch „fusilli“ genannt. Für die Herstellung ist ein Eisenspieß erforderlich.

Vorbereitungszeit: 1½ Std.
Garzeit: ca. 15 Min.
Für 4 Personen

ZUTATEN

300 g Mehl
150 g Hartweizengrieß
Salz
Zum Servieren
1 Glas fertige Tomatensauce
1 große Prise Oregano
gehackte Basilikumblätter
4 EL Olivenöl

1 Mehl und Grieß auf die Arbeitsfläche rieseln lassen, Salz zugeben und mit lauwarmem Wasser zu einem festen Teig verarbeiten. Evtl. 1 Ei zugeben. Kräftig kneten, bis der Teig glatt ist, in Stücke schneiden.

2 Teig mit einem Küchentuch bedecken, damit er nicht austrocknet. Ein Teigstück mit bemehlten Händen zu einer langen Schlange rollen und in etwa 2-3 cm lange Stückchen schneiden.

3 2 oder 3 Teigstückchen nebeneinander auf die Arbeitsfläche legen, Eisenspieß der Länge nach hineindrükken und mit der flachen Hand vor und zurück rollen.

4 Abschließend einmal kräftig rollen: der Teig wird so zu länglichen, durchbohrten Makkaroni ausgeformt.

5 Makkaroni vom Eisenspieß schieben und zum Trocknen auf der mit Mehl bestäubten Arbeitsfläche ausbreiten. In reichlich kochendem Salzwasser ca. 15 Min. garen. Inzwischen die Tomatensauce erhitzen.

6 Nudeln abgießen, mit Tomatensauce, Öl, Oregano, Basilikum und Pfeffer mischen und sofort servieren.

Nudeln mit bunter Paprikasauce

PENNE CON SUGO ESTIVO

Eine bunte Gemüsemischung in würziger Tomatensauce ergibt, mit Nudeln serviert, eine vollständige Hauptmahlzeit. Nach Geschmack mit Parmesankäse bestreuen.

Vorbereitungszeit: 15 Min.
Garzeit: 25 Min.
Für 4 Personen

ZUTATEN
2 EL Sonnenblumenöl
1 Zwiebel in Scheiben
1 zerdrückte Knoblauchzehe
je 1 gewürfelte rote, grüne und gelbe Paprikaschote
2 Zucchini in Scheiben
100 g Champignons in Scheiben
2 Selleriestangen in Scheiben
400 g Tomaten aus der Dose
1 EL Tomatenmark
2 EL Rotwein
1 EL Maismehl
300 ml Gemüsebrühe
2 TL Oregano
2 Lorbeerblätter
Salz und Pfeffer
350 g Nudeln
25 g Butter

1 Alle Gemüse 5 Min. in heißem Öl schmoren, gelegentlich umrühren. Tomatenmark, Tomaten und Rotwein hinzufügen.

Diese Sauce paßt auch gut zu gebackenen Kartoffeln.

2 Maismehl mit Brühe verrührt mit den Gewürzen in die Pfanne geben. Aufkochen, abschmecken und zugedeckt 20 Min. köcheln lassen.

3 Nudeln in reichlich kochendem Salzwasser 10 Min. garen, abgießen und in Butter schwenken. Sofort mit der Sauce servieren.

Gemüse in Öl in einer mikrowellengeeigneten Schüssel 5 Min. auf HOCHTEMPERATUR (100%) garen. Maismehl mit Wein verrühren und mit allen übrigen Zutaten hineingeben. Weitere 15 Min. kochen, dabei zweimal umrühren.

Garganelli mit Tomatensauce

GARGANELLI AL POMODORO

Die Garganelli werden mit einem speziellen Gerät, der „Pettine", hergestellt. Ein Kochlöffelstiel ist ebenfalls geeignet.

Vorbereitungszeit: ca. 1 Std.
Garzeit: ca. 30 Min.
Für 4 Personen

ZUTATEN

Für den Teig
400 g Mehl
4 Eier
4 EL geriebener Parmesan
geriebene Muskatnuß
Salz
Für die Sauce
500 g gewürfelte Tomaten mit Kräutern
150 g durchwachsener Speck
2 EL Olivenöl
Salz und Pfeffer

1 Mehl, Eier, je 1 Prise Salz und Muskatnuß und den Käse zu einem sehr glatten Teig verkneten und dünn ausrollen. Die Arbeitsfläche ab und zu mit Mehl bestäuben.

2 Teig mit einem Messer in Quadrate von etwa 3 1/2 cm Kantenlänge schneiden, mit einem Küchentuch bedecken, damit sie nicht zu sehr trocknen.

3 2 Quadrate mit einer Ecke auf den bemehlten Stab (Kochlöffelstiel) legen.

4 Teig jetzt auf der „Pettine" aufrollen oder mit der Hand um den Stiel wickeln. An den übereinanderliegenden Teigecken gut andrücken.

5 Garganelli vorsichtig vom Stab lösen und mit Abstand voneinander auf eine bemehlte Arbeitsfläche legen. Alle Teigquadrate so verarbeiten. Garganelli in Salzwasser sehr „al dente" kochen und abgießen.

6 Inzwischen für die Sauce den Speck würfeln und im heißen Öl anbraten. Die Tomatenwürfel aufkochen.

7 Abgetropfte Garganelli zum Speck geben, die Tomatenwürfel unterrühren. Vom Herd nehmen und sehr heiß servieren.

Ravioli

RAVIOLI

INTERNATIONAL

Dieses klassische Gericht aus gefüllten Teigtaschen kann mit Butter und geriebenem Parmesankäse oder einfach mit Tomatensauce serviert werden.

Vorbereitungszeit: 1 Stunde + Trockenzeit
Kochzeit: 20 Minuten
Für 4-6 Personen

ZUTATEN
2 EL Olivenöl
1 kleine gehackte Zwiebel
1 zerdrückte Knoblauchzehe
1 geschälte, gehackte Karotte
1 gehackte Selleriestange
100 g mageres, gekochtes, feingehacktes Rindfleisch
1 Scheibe gehackter durchwachsener Speck
25 g frische Semmelbrösel
25 g geriebener Parmesankäse
1/4 TL geriebene Muskatnuß
Salz und Pfeffer
450 g frische Nudeln (siehe Seite 60)
Mehl zum Bestäuben
1 verquirltes Ei
Für die Tomatensauce
1 gehackte Zwiebel
1 EL Öl
400 g Tomaten aus der Dose
1/2 TL Zucker
Salz und Pfeffer
1 EL Tomatenpüree
1 Basilikumzweig

1 Zwiebeln, Knoblauch und Gemüse in 1 EL Öl garen, das feingehackte Rindfleisch und den Speck dazugeben und 10 Min. köcheln lassen.

2 Zum Abkühlen beiseite stellen. Semmelbrösel, Käse, Muskatnuß und Gewürze in einen Mixer geben. Solange mixen, bis die Füllung glatt und steif geworden ist.

3 Die Hälfte des Teiges viereckig und dünn ausrollen. Die Füllung teelöffelweise in ca. 4 cm Abständen auf den Teig geben und dazwischen mit dem Ei bestreichen.

4 Den Restteig ausrollen, darüber legen und zwischen der Füllung fest andrücken, um Luftblasen herauszupressen. Mit einem Teigrädchen kleine Vierecke ausradeln, auf ein sauberes Tuch legen, zudecken und 1 Stunde trocknen lassen.

5 Die Sauce vorbereiten: Zwiebeln in Öl glasig dünsten. Alle Tomaten bis auf eine, Zucker und Gewürze dazugeben, 15 Min. köcheln lassen und durchseihen. Die Tomate entkernen, hacken und mit dem Püree aufwärmen.

6 Die Ravioli mit 1 EL Öl in kochendes Wasser geben, 4-5 Min. aufkochen, bis sie oben schwimmen. Abtropfen und mit der Sauce servieren. Mit Basilikum dekorieren.

Dreifarbige Ravioli

RAVIOLI TRICOLORI

Diese raffiniert zubereiteten Ravioli werden mit einer Nußsauce serviert.

Vorbereitungszeit: ca. 2 Std.
Garzeit: ca. 30 Min.
Für 4 Personen

ZUTATEN

500 Mehl

5 Eier

2 EL gekochter, gehackter Spinat

1 EL Tomatensauce

geriebener Granakäse

Salz

Für die Füllung

1 kg gekochter, gehackter Spinat

120 g Ricotta

50 g Mascarpone

100 g geriebener Granakäse

1 Ei

geriebene Muskatnuß

Für die Sauce

150 g geschälte Nußkerne

50 g Pinienkerne

das Innere eines Brötchens, in Milch eingeweicht und ausgedrückt

1 Knoblauchzehe

1/8 l Sahne

Öl und Salz

1 3 verschiedenfarbige Teige zubereiten: 300 g Mehl mit 3 Eiern verkneten, in ein Tuch wickeln. 100 g Mehl, 1 Ei und 2 EL Spinat verkneten und in ein Tuch wickeln. Das übrige Mehl und Ei mit der Tomatensauce verkneten.

2 Für die Füllung den Spinat mit Ricotta, Mascarpone, Grana, Ei, Muskatnuß, Salz und Pfeffer verrühren.

3 Den gelben Teig dünn ausrollen und in breite Streifen schneiden. Aus dem grünen und roten Teig lange, schmale Streifen formen.

4 Die roten und grünen Streifen abwechselnd im Abstand von ca. 2 cm auf den gelben Teig legen. Mit dem Nudelholz kräftig auf den gelben Teig pressen.

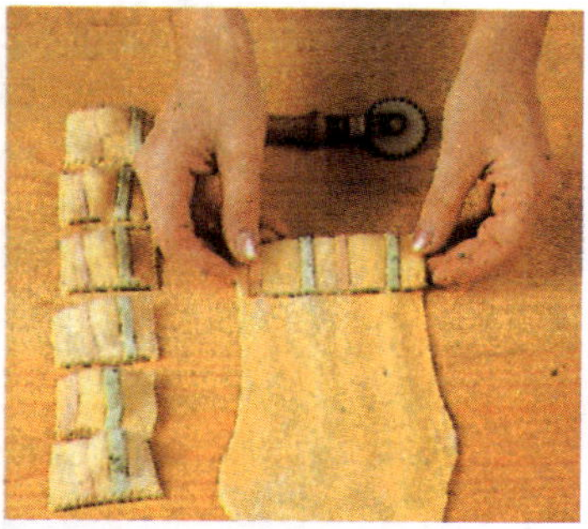

5 Teig in Quadrate schneiden. Die Füllung auf einer Seite der Teigstücke verteilen, die andere Seite über die Füllung klappen. Die Ränder mit den Zinken einer Gabel gut zusammendrücken, damit die Füllung beim Kochen nicht herausquillt.

6 Für die Sauce die Nußkerne in einem Mörser mit Pinienkernen, Brotinnerem, Knoblauch und Salz zu einem Püree verarbeiten. Mit etwas Öl und der Sahne verrühren. Die Ravioli in reichlich Salzwasser ca. 30 Min. kochen. Von der Oberfläche abschöpfen, mit Sauce und geriebenem Käse servieren.

Tortelli mit Artischockenfüllung

TORTELLI RIPIENI AI CARCIOFI

Tortelli schmecken besonders gut mit einer Artischockenfüllung, dazu Butter und Salbei.

Vorbereitungszeit: 20 Min.
Garzeit: 30 Min.
Für 4 Personen

ZUTATEN

400 g Mehl
3 Eier
2 EL gekochter und gehackter Spinat
6 Artischockenherzen aus der Dose
60 g Butter
300 g Ricotta
50 g geriebener Parmesan
einige Salbeiblätter
Muskatnuß, Salz und Pfeffer

1 200 g Mehl und 2 Eier zu einem Teig verkneten. Das restliche Mehl mit 1 Ei und dem Spinat zu einem zweiten Teig verarbeiten. Die beiden Teige in dünne Tücher wickeln, beiseite legen.

2 Die Artischockenherzen abtropfen lassen, in 30 g Butter schwenken. In Scheiben schneiden, salzen, durch ein Sieb passieren und mit Ricotta und Parmesan verrühren. Mit Muskatnuß, Salz und Pfeffer würzen.

3 Die beiden Teige hauchdünn ausrollen, und mit einer runden, gezackten Form kleine Kreise ausstechen.

4 Auf die hellen Teigkreise etwas von der Artischockenfüllung geben, darauf grüne Teigkreise legen, und die Ränder mit den Fingern fest zusammendrücken.

5 Die Ränder der Scheiben zusammenklappen und aneinanderdrücken, so daß Röllchen entstehen. In reichlich kochendem Salzwasser ca. 30 Min. garen, abgießen und mit dem Rest der flüssigen Butter und Salbeiblättern würzen. Je nach Geschmack mit Parmesan bestreuen.

Campanelle mit Gemüsesauce

CAMPANELLE CON VERDURE

Eine delikate Sauce, die auch gut zu Kartoffel-Gnocchi paßt. Geriebener Käse schmeckt hierzu jedoch nicht so gut.

Vorbereitungszeit: 15 Min.
Garzeit: 30 Min.
Für 4 Personen

ZUTATEN

400 g Nudeln (Campanelle)
500 g Flaschentomaten
1 Knoblauchzehe
1/2 Zwiebel
1 kleine Karotte
1 Stange Bleichsellerie
etwas Petersilie
1 Bund Basilikum
20 g Butter oder Öl
1 Prise Zucker
Salz und Pfeffer

1 Karotte, Sellerie, Zwiebel und Petersilie putzen, waschen und mit einem Wiegemesser kleinschneiden. Die Tomaten in Stücke schneiden.

2 Das Gemüse in heißem Öl oder in Butter anbraten, die Tomaten dazugeben. Köcheln, bis die Tomaten anfangen zu zerkochen.

3 Das Bund Basilikum und die ganze Knoblauchzehe hinzufügen und 15 Min. bei wenig Hitze mit geschlossenem Deckel köcheln.

4 Salz, Zucker und 1 Prise Pfeffer hinzufügen, und wenn die Sauce dick ist, durch ein Passiersieb streichen.

5 In der Zwischenzeit die Nudeln in reichlich kochendem Salzwasser „al dente“ garen, abgießen und mit der Sauce mischen.

Pasta mit Fleischklößchen

CONCHIGLIE E POLPETTE

Für dieses nahrhafte Gericht werden meist muschelförmige Nudeln verwendet. Die Sauce läßt sich damit besonders gut aufnehmen.

Vorbereitungszeit: 30 Min.
Garzeit: 1 Std.
Für 4 Personen

ZUTATEN

350 g Muschelnudeln
100 g gehacktes Putenfleisch
100 g Rinderhack
20 g Butter
2 Eier
1 altbackenes Brötchen
1 EL gehackte Petersilie
1 gehackte Knoblauchzehe
2 EL geriebener Parmesan
1 TL Paprikapulver
1 Zweig Salbei
1/8 l Sahne
2 EL Öl
Milch
Salz

1 Brötchen in Milch einweichen, ausdrücken. Fleisch, Käse, Brötchen, Knoblauch, Petersilie, Paprikapulver, 1 rohes Ei und Salz in eine Schüssel geben. 1 Ei hart kochen, fein hacken und zugeben.

2 Die Zutaten sorgfältig mit einem Holzlöffel miteinander vermischen.

3 Olivengroße oder noch kleinere Klößchen aus dem Fleischteig formen.

4 Öl und Butter erhitzen, Salbeiblättchen zugeben, Fleischklößchen ca. 5 Min. anbräunen. Sahne und Salz zugeben, köcheln lassen.

5 Nudeln in reichlich kochendem Salzwasser „al dente" garen, abgießen und in die Sauce geben. Nach 1 Min. vom Feuer nehmen.

Muschelnudeln mit Kartoffeln

ORECCHIETTE CON PATATE

Dieses traditionelle apulische Gericht kann auch mit Broccoli-Röschen angereichert werden, die mit den Nudeln zusammen gekocht werden.

Vorbereitungszeit: 1 Std.
Garzeit: 20 Min.
Für 4 Personen

ZUTATEN

350 g Mehl

100 g Hartweizengrieß

Salz

4 geschälte, gewürfelte Kartoffeln

einige Zweige Weinraute

1 Rezept Tomatensauce (siehe Rezept Ravioli, Seite 85)

geriebener Parmesan

1 Mehl, Grieß und 1 Msp. Salz mischen, eine Mulde eindrücken und mit warmem Wasser zu einem festen Teig verkneten. Etwa 10 Min. weiterkneten, bis er sehr glatt ist und sich kleine Blasen bilden.

2 Auf bemehlter Fläche aus einem kleinen Stück Teig eine bleistiftdicke Rolle formen, in 1 cm lange Stücke schneiden. Mit der abgerundeten Spitze eines Messers durch leichten Druck und Zug muschelähnlich ausformen.

3 Jede Teigmuschel über der Daumenspitze weiter ausformen, evtl. ein Messer zu Hilfe nehmen. Auf diese Weise den gesamten Teig verarbeiten.

4 Reichlich Salzwasser zum Kochen bringen, und die Kartoffeln 10 Min. garen. Dann Weinrautenzweige und Nudeln zugeben.

5 Nach 10 Min. abgießen, Weinraute entfernen. Mit Tomatensauce und Parmesan servieren.

Ligurische Corzetti
CORZETTI LIGURI

Corzetti ähneln in ihrer Form dem Silberschild der antiken Genoveser Republik — daher kommt der Name des Gerichts.

Vorbereitungszeit: 45 Min.
Garzeit: 15 Min.
Für 4 Personen

ZUTATEN

Für den Teig
300 g Mehl
1-2 Eier
1/2 TL Salz
Zum Servieren
75 g Butter
75 g geriebener Parmesan
100 g Pinienkerne
1 Bund Majoran, gehackt
Salz und Pfeffer

1 Mehl mit Eiern, Salz und lauwarmem Wasser zu einem festen Teig verarbeiten.

2 Mit den Händen kneten und in etwa kichererbsengroße Stückchen teilen.

TIP

Den Teig flach ausrollen, und mit einer geeigneten Plätzchenform die Corzetti ausstechen. Corzetti können auch mit Pilz- oder Fleischsauce angerichtet werden.

3 Mit den Fingerspitzen flach drücken und etwas in die Länge ziehen, so daß die Corzetti die Form einer gefüllten „8" erhalten.

4 Nebeneinander auf der Arbeitsfläche trocknen lassen, dann in kochendem Salzwasser ca. 15 Min. garen.

5 Butter zerlassen, den Majoran darin ziehen lassen. Die Corzetti mit einem Schaumlöffel herausheben und schichtweise in einer Schüssel mit Butter, Parmesan, Pinienkernen und Pfeffer vermischen.

Cavatieddi
CAVATIEDDI

Dieses traditionelle apulische Gericht wird nur mit Knoblauch, Öl und Peperoni gewürzt oder mit einer Tomatensauce serviert.

Vorbereitungszeit: 1½ Std.
Garzeit: 20 Min.
Für 4 Personen

Z U T A T E N
200 g Mehl
100 g Hartweizengrieß
Salz
Zum Würzen
2 Knoblauchzehen
1 oder 2 rote Peperoni
Olivenöl
Salz

1 Mehl und Grieß mischen und eine Mulde eindrücken.

2 Mit lauwarmem Salzwasser mit den Händen zu einem nicht zu festen Teig verkneten.

3 40 cm lange, bleistiftdicke Rollen formen. In kleine Stücke schneiden und mit einem Tuch bedecken.

4 Jedes Teigstück mit einer runden, mit Mehl bestäubten Messerspitze unter leichtem Druck flach ziehen, so daß winzige Muscheln entstehen.

5 Cavatieddi trocknen lassen, in reichlich kochendem Salzwasser sehr „al dente" garen.

6 Inzwischen kleingeschnittenen Knoblauch und Peperoni in 3 EL Öl kurz anbraten, und diese Sauce mit den abgegossenen Cavatieddi vermengen.

Nudeln mit Basilikumsauce

TROFIE AL BASILICO

Dieses Gericht ist typisch für die ligurische Küche. Es wird mit einer Basilikumsauce serviert.

Vorbereitungszeit: 1½ Std.
Garzeit: 15 Min.
Für 4 Personen

ZUTATEN

Für den Teig
350 g Mehl
50 g Kleie
1 Prise Salz
Für die Sauce
1 Bund Basilikum
1 EL geriebener Ricotta
1 EL geriebener Parmesan
1 Knoblauchzehe
4 EL Pinienkerne
⅛ l Olivenöl
Salz

1 Mehl, Kleie und Salz mit ca. 4 EL Wasser zu einem festen Teig verarbeiten.

2 Den Teig in Stücke teilen und jedes zu einer Schlange rollen. Diese in kichererbsengroße Stücke schneiden.

3 Teigstücke auf der Arbeitsfläche mit dem Daumen zu etwa 3 cm langen Fäden rollen, drehen, Enden dünner werden lassen.

4 Für die Sauce Basilikumblätter waschen und auf Küchenpapier abtropfen lassen. Mit Knoblauch, Pinienkernen und 1 Prise Salz im Mörser zerkleinern, nach und nach Öl und Käse einarbeiten.

5 Nudeln in kochendem Salzwasser ca. 10 Min. garen, abgießen, Sauce zugeben und heiß servieren.

TIP

Die Sauce mit gemahlenen Haselnüssen zubereiten oder einen roten Peperone zugeben: Die Variationsmöglichkeiten sind vielfältig.

Trenette mit Pesto
TRENETTE AL PESTO

Pesto ist eine kräftige Basilikumpaste. Das Basilikum muß dafür sehr frisch sein.

Vorbereitungszeit: 1 Std.
Garzeit: ca. 15 Min.
Für 4 Personen

ZUTATEN

400 g Trenette
1 Bund frisches Basilikum
3-4 Knoblauchzehen
80 g geriebener Pecorino
1 EL Pinienkerne
Olivenöl
Salz und Pfeffer

1 Basilikumblätter waschen, trockenschwenken und in einen Mörser geben.

2 Um die grüne Farbe zu erhalten, eine Prise Salz sowie die Knoblauchzehen und Pinienkerne zugeben.

3 Alles kurz mit dem Pistill zerstoßen, ohne es vollständig zu zerkleinern.

4 Nach und nach Öl zugießen, dabei ständig auf dem Boden und gegen die Seitenwände des Mörsers weiterstampfen, um alles fein zu zerkleinern.

5 Wenn die Mischung cremig ist, den Pecorino zugeben und gut mischen.

6 Weiteres Öl in kleinen Mengen hineinarbeiten, bis der Pesto die richtige Konsistenz hat. Mit etwas Pfeffer würzen.

7 Inzwischen Trenette in kochendem Salzwasser „al dente“ garen, abgießen und mit dem Pesto vermengen.

Pesto in zwei- oder dreifacher Menge vorbereiten und einfrieren. Ca. 1 Monat haltbar.

Nudeln mit Spinatsauce

FETTUCCINE ALLA FIORENTINA

Die wichtigste Zutat neben Nudeln und Spinat ist bei diesem Gericht Mascarpone.

Vorbereitungszeit: 5 Min.
Garzeit: 20 Min.
Für 4-6 Personen

Z U T A T E N

450 g gehackter Spinat
225 g Mascarpone
25 g gemahlene Walnüsse
6 Anchovis aus der Dose
Saft aus der Anchovisdose
Salz und Pfeffer
1 TL gemahlene Muskatnuß
1 EL Olivenöl
250 g Tagliatelle
geriebener Parmesan zum Servieren

1 Den Spinat mit Mascarpone, Nüssen, Anchovis, Anchovissaft, viel Salz, viel Pfeffer und Muskat im Mixer pürieren.

2 Die Nudeln im offenen Topf in Salzwasser und Olivenöl ca. 10 Min. kochen, abgießen. Die Sauce erhitzen, über die Nudeln gießen und mit Parmesan bestreuen.

Darauf sollten Sie achten

Wichtig ist, daß man hierfür den richtigen Käse verwendet. Mascarpone ist eine italienische Frischkäseart. Es ist sehr weich und sieht aus wie Crème double.

TIP

Eine kräftigere Sauce erhält man aus 3 Paletten Brunnenkresse, 1 gebratenen Zwiebel und 2 zerpreßten Knoblauchzehen statt des Spinates.

Spinat-Fleisch-Cannelloni
CANNELLONI RIPIENI

INTERNATIONAL

Für erstklassige Cannelloni darf man nicht mit der Käsesauce knausern. Mit Wein und frischem Salat servieren.

Vorbereitungszeit: 40 Min.
Garzeit: 1 Std. 10-15 Min.
Für 3 Personen

ZUTATEN

1 EL Öl

25 g Butter, etwas zum Einfetten

1 gehackte Zwiebel

1 zerpreßte Knoblauchzehe

450 g Rinderhack

200 g Tomaten aus der Dose, gehackt

225 g Tiefkühl-Spinat

1 TL getrocknetes Basilikum

Salz und Pfeffer

6 Cannelloni-Rollen

Basilikumzweige zum Garnieren

Für die Sauce

25 g Butter

25 g Mehl

450 ml Milch

75 g geriebener Parmesan

1 Ofen auf 180° C (Gas Stufe 4) vorheizen. Zwiebeln und Knoblauch 3-4 Min. in Öl und Butter andünsten.

2 Hackfleisch zugeben und braun anbraten. Mit Tomaten, Spinat, Basilikum und Gewürzen zugedeckt 15 Min. dünsten. Umrühren. Bei offener Pfanne die Flüssigkeit 5 Min. einkochen lassen. Abkühlen.

3 Cannelloni 8-10 Min. in Salzwasser weich kochen. Unter kaltem Wasser abspülen. Auf einem Geschirrtuch abtropfen lassen.

4 Ofenfeste Form einfetten. Hack-Spinat-Mischung in die Cannelloni füllen und nebeneinander in die Form legen.

5 Für die Sauce Mehl bei geringer Hitze in Butter rühren und 1 Min. rösten. Nach und nach Milch unter Rühren einfüllen, so lange, bis die Mischung dickflüssig ist. Vom Herd nehmen, 50 g Käse und Gewürze unter die Sauce rühren.

6 Sauce über Cannelloni gießen und mit restlichem Käse bestreuen. 30-35 Min. backen, mit Basilikum garnieren.

Thunfisch-Lasagne

LASAGNE AL TONNO

Die ganze Familie wird diese Thunfisch-Lasagne genießen. Sie kann vorbereitet und ohne Schwierigkeiten im Ofen wieder aufgewärmt werden.

Vorbereitungszeit: 15 Minuten
Garzeit: 1 Stunde
Für 6 Personen

Z U T A T E N

Butter zum Einfetten

175 g Lasagne-Platten

6 in Scheiben geschnittene Tomaten

50 g geraffelter Parmesan

Für die Sauce

50 g Butter

1 feingeschnittene Zwiebel

50 g Mehl

600 ml Milch

Salz, gemahlener schwarzer Pfeffer

½ TL Senf

1 TL Worcestersauce

175 g geraffelter Parmesan

400 g abgetropfter und fein zerteilter Thunfisch aus der Dose

1 Den Ofen auf 180° C vorheizen. Die Zwiebel in einem Topf in heißer Butter goldbraun dünsten. Mehl darüber stäuben und unter Rühren 2 Minuten köcheln lassen.

2 Den Topf von der Kochstelle ziehen, die Milch einrühren, Salz und Pfeffer zufügen und nochmals aufkochen. Zuletzt Senf, Worcestersauce, Käse und Thunfisch unter die Sauce mischen und weitere 2 Minuten kochen lassen.

3 Eine Auflaufform mit Butter ausfetten. Zuerst eine Schicht Thunfischmasse hineingeben, Lasagneplatten darüber decken, wieder Thunfischmasse daraufstreichen, die Oberfläche zur Dekoration mit einigen Tomatenscheiben belegen. So fortfahren, bis alle Zutaten verbraucht sind.

4 Zuletzt den Käse über die Lasagne streuen, mit Tomatenscheiben dekorieren, mit Alufolie abdecken und in den Ofen schieben. Nach 25 Min. die Folie abnehmen und 15-20 Min. weiterbacken lassen.

Einen knackigen grünen Salat und ein warmes Baguette dazu servieren.

Dieses Gericht eignet sich besonders gut zum Einfrieren.

Torciglioni mit Mozzarella

TORCIGLIONI ALLA MOZZARELLA

Die Nudeln mit reichlich geriebenem Pecorino bestreuen. Die gleiche Sauce auch zu Spaghetti oder Fusilli reichen.

Vorbereitungszeit: 15 Min.
Garzeit: etwa 20 Min.
Für 4 Personen

ZUTATEN

400 g Torciglioni
500 g Flaschentomaten
150 g Mozzarella
4 EL geriebener Pecorino
1 Zweig frischer Oregano
4 EL Olivenöl
Salz und Pfeffer

1 Mozzarella abgießen, trockentupfen und in nicht zu kleine Würfel schneiden.

2 Tomaten ohne Kerne kleinschneiden. Mozzarella und Öl zugeben und mischen.

TIP

Fertige Nudeln evtl. vor dem Servieren mit frisch gehacktem Basilikum bestreuen.

3 Den Pecorino darüberstreuen und verrühren.

4 Den Oregano waschen, trokkenschwenken, darüberbröseln. Durchrühren und mit Salz und Pfeffer abschmecken.

5 Zugedeckt bei starker Hitze ca. 15 Min. kochen, häufiger umrühren.

6 Nudeln inzwischen in reichlich kochendem Salzwasser „al dente“ garen, abgießen und in eine Schüssel geben.

7 Sofort mit der kochenden Sauce vermengen, in eine ofenfeste Form geben und kurz unter dem heißen Grill überbacken.

Spaghetti mit Miesmuscheln

SPAGHETTI ALLE COZZE

Die Muscheln dürfen erst im letzten Moment
in die Sauce gegeben werden,
da sie sonst hart und zäh werden.

Vorbereitungszeit: 1 Std.
Garzeit: ca. 30 Min.
Für 4 Personen

ZUTATEN

400 g Spaghetti
1 kg Miesmuscheln
300 g gehackte Tomaten aus der Dose
50 g schwarze Oliven
50 g grüne Oliven
1 Knoblauchzehe
2 TL Sardellenpaste
1 Bund Petersilie
50 ml Brühe
Olivenöl
Salz und Pfeffer

1 Muscheln gründlich waschen. Geöffnete Muscheln aussortieren. 1 l Wasser, 2 EL Öl und 1 EL Petersilie aufkochen. Die Muscheln darin garen, bis sie geöffnet sind.

2 Die Hälfte der Muscheln aus der Schale lösen und in etwas Kochflüssigkeit beiseite stellen.

3 Einige EL Öl in einer großen Pfanne erhitzen, Knoblauch hineingeben.

4 Wenn das Öl sehr heiß ist, die Sardellenpaste und entsteinte, evtl. kleingeschnittene Oliven hineingeben, mit Salz und Pfeffer würzen und unter Rühren anbräunen.

5 Tomaten hinzufügen und 10 Min. köcheln. 50 ml heiße Brühe angießen und bei mittlerer Hitze einkochen. Die Spaghetti inzwischen in Salzwasser garen.

6 Kurz vor Ende der Garzeit die ausgelösten Muscheln und die in der Schale in die Sauce geben.

7 Die leeren Schalen aus der Sauce nehmen. Spaghetti mit Sauce und der restlichen gehackten Petersilie mischen.

Spaghetti „Fischerin“
SPAGHETTI ALLA PESCATORA

Wegen der Meeresfrüchte in der Sauce wird dieses Gericht nicht mit Käse zubereitet.

Vorbereitungszeit: 30 Min.
Garzeit: ca. 50 Min.
Für 4 Personen

ZUTATEN

400 g Spaghetti
450 g gemischter, geputzter Fisch mit weichem Fleisch und einige Muscheln
1 Bund Petersilie
1 große Zwiebel
1 Stange Bleichsellerie
1 Karotte
1 Knoblauchzehe
1 Lorbeerblatt
Saft von 1 Zitrone
1 EL Tomatenmark
1/2 Glas trockener Weißwein
1 EL Öl
Salz und Pfefferkörner

1 Aus 1/2 l Wasser, Karotte, Lorbeer, etwas Petersilie, 1/2 in Scheiben geschnittenen Zwiebel, in Stücke geschnittenem Sellerie und etwas Salz eine Brühe kochen, Zitronensaft und Weißwein zugeben. Aufkochen und die Fische und Muscheln bei wenig Hitze ca. 10 Min. darin köcheln. Herausnehmen, die größten Gräten und die Schalen entfernen, Fleisch durch ein Sieb passieren.

2 Restliche Zwiebeln mit Knoblauch und etwas Petersilie feinhacken. Im heißen Öl dünsten, ohne die Zwiebeln Farbe nehmen zu lassen.

3 Tomatenmark mit 100 ml Fischsud verrühren, zugeben und einköcheln lassen.

4 Püriertes Fischfleisch hineingeben, aufkochen und mit Pfeffer und Salz würzen.

5 Spaghetti inzwischen in reichlich kochendem Salzwasser „al dente" garen, abgießen und unter die Sauce heben. Noch eine Min. auf dem Feuer lassen. Auf einem Servierteller dampfend heiß auftragen.

Bucatini mit Venusmuscheln

BUCATINI ALLE VONGOLE

Dieses Nudelgericht sollte man auf keinen Fall mit Parmesan oder anderem Käse essen.

Vorbereitungszeit: 1 Std.
Garzeit: ca. 30 Min.
Für 4 Personen

ZUTATEN

400 g Nudeln (Bucatini)
800 g frische Venusmuscheln
800 g sehr reife Tomaten
1 EL gehackte Petersilie
1 gehackte kleine Zwiebel
1 zerdrückte Knoblauchzehe
Olivenöl
Salz und Pfeffer

1 Die Muscheln gründlich waschen und in einem großen Topf bei mittlerer Hitze sich öffnen lassen. Das Fleisch aus den Schalen lösen. Die Garflüssigkeit durch ein Tuch filtern.

2 Zwiebel und Knoblauchzehe in etwas Öl weich dünsten.

3 Den Muschelsud angießen und auf wenige EL verdampfen lassen. Die Tomaten schälen und ohne Kerne in Streifen schneiden. Mit Pfeffer und Salz in die Sauce geben. Bei starker Hitze ca. 10 Min. kochen. Das Muschelfleisch in der Sauce aufwärmen.

4 Die Bucatini „al dente" kochen, abgießen und mit der Muschelsauce vermischen. Mit gehackter Petersilie bestreuen und servieren.

TIP

Nach dem Waschen müssen die offenen, nach dem Garen die geschlossenen Muscheln aussortiert werden, da diese nicht frisch genug sind.

Farfalle Paola

FARFALLE ALLA PAOLA

Die delikate Sauce wird mit Zucchini, Krabben, Sahne und Kräutern zubereitet.

Vorbereitungszeit: 20 Min.
Garzeit: 45 Min.
Für 4 Personen

ZUTATEN

400 g Nudeln (Farfalle)
300 g kleine Zucchini
300 g Krabbenfleisch
50 g Butter
gehackte Petersilie
1 kleine, feingehackte Zwiebel
100 ml flüssige Sahne
Salz und Pfeffer

1 Die Zucchini waschen, abtrocknen und die Enden abschneiden. Ungeschält in sehr dünne Scheiben schneiden.

2 Zwiebel und Petersilie in Butter unter Rühren weich dünsten.

3 Die Zucchini hinzufügen, salzen, pfeffern, und das Gemüse langsam garen. Dabei häufig umrühren. Die Nudeln in reichlich kochendem Salzwasser aufsetzen.

4 Krabben und Sahne in die Sauce geben, einkochen lassen.

5 Die Nudeln „al dente“ abgießen und vorsichtig mit der Sauce mischen.

TIP

Die Nudeln mit Zucchinischeiben und ganzen Krabben garnieren. Evtl. nochmal mit Petersilie bestreuen.

Makkaroni mit Tintenfisch-Sauce

MACCHERONI A'CALAMARI

Wegen der Tintenfische
wird dieses Gericht ohne Parmesankäse
oder anderen pikanten Käse serviert.

Vorbereitungszeit: 2 Std.
Garzeit: 1 Std.
Für 4 Personen

ZUTATEN

400 g Makkaroni
400 g Tintenfische
400 g gehackte Tomaten aus der Dose
2 gehackte Knoblauchzehen
2 EL gehackte Petersilie
1 EL gehackte Zwiebel
2 rote Peperoni
100 ml trockener Weißwein
3 EL Öl und Salz

1 Tintenfische vorbereiten.

2 Die Fangarme vom Kopf schneiden. Fangarme in kleine Stücke, Kopf in dünne Ringe schneiden.

3 Die Hälfte der Petersilie, Knoblauch und Zwiebel bei wenig Hitze unter Rühren in heißem Öl anbräunen.

4 Tintenfisch hineingeben, umrühren, Wein angießen und Tomaten hinzufügen.

5 Eine ganze und eine kleingeschnittene Peperoni und Salz zugeben. Köcheln lassen, bis der Fisch sehr zart ist, evtl. etwas Wasser angießen.

6 Wenn die Sauce fast fertig ist, Makkaroni in reichlich kochendem Salzwasser „al dente“ garen. Restliche Petersilie in die Sauce geben, Makkaroni abgießen und mit der Sauce mischen. Heiß servieren.

TIP

Nach Geschmack darf mit weniger Peperoni gewürzt werden. Zu dieser Sauce passen auch Spaghetti oder Bucatini.

Pizza & Co.
PIZZE

Typischer Pizzaboden

Der Teig wird mit Frisch- oder Trocken-Backhefe zubereitet.

Vorbereitungszeit: 2 Std.
Backzeit: 15-20 Min.
Ergibt: 4 Böden, 23 cm

ZUTATEN
700 g Mehl
1/2 TL Salz
20 g Frisch-Backhefe oder 10 g Trockenhefe
1/2 TL Zucker
Mehl zum Bestäuben
Öl zum Einpinseln

1 Mehl und Salz in eine Schüssel sieben. Frische Hefe mit 150 ml lauwarmem Wasser verrühren und an einem warmen Ort 10-15 Min. quellen lassen. Bei Trockenhefe Zucker ins Wasser geben und über die Hefe gießen, quellen lassen.

2 Die Hefemischung mit 300 ml lauwarmem Wasser zum Mehl geben.

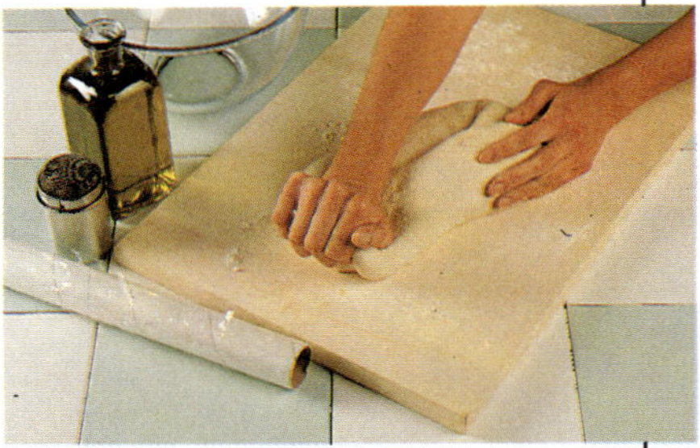

3 Zu einem Teig vermischen und auf einer bemehlten Arbeitsfläche verkneten. Dabei den Teig mit dem Handballen ziehen, zusammenkneten und wieder ziehen. In 10 Min. glatt und geschmeidig kneten.

4 Eine Kugel formen und in einer leicht geölten Schüssel abgedeckt an einem warmen Ort ca. 1 Std. gut aufgehen lassen.

5 Den Teig erneut glatt kneten und in 4 Teile teilen. Jeweils 23 cm Ø-Kreise ausrollen und auf geölten Backblechen 20 Min. aufgehen lassen.

6 Mit Öl bestreichen, belegen und bei 220° C (Gas Stufe 7) in 15-20 Min. den Teig hellbraun backen.

TIP

Frisch-Backhefe geht auch ohne Zucker auf.

Pizza-Belag

Eine 23 cm Ø Pizza reicht für 1 Person als Hauptmahlzeit oder für 4 Personen als Snack.

Tomatensauce als Grundlage

1 gehackte Zwiebel und 1 zerdrückte Knoblauchzehe in 2 El Olivenöl weichbraten. 450 g gehäutete gehackte frische Tomaten oder 400 g aus der Dose, 1 TL getrocknete Kräuter (Basilikum, Oregano, Petersilie), 1 TL Zucker, Salz und Pfeffer zugeben. 15 Min. köcheln lassen, durchseihen.

Siciliana

Tomatensauce auf dem Boden verteilen. Mit grünen, roten und gelben, in Olivenöl angebratenen Paprikastreifen, dünnen Salami- und Champignonscheiben belegen. Als letztes Tomaten- und Mozzarellascheiben auflegen.

4 x Käse

Tomatensauce dünn auf den Boden streichen. Je $^{1}/_{4}$ mit geriebenem Gruyère, zerkrümeltem Gorgonzola, geriebenem Parmesan und Bel Paese-Scheiben belegen. Die jeweiligen Käseränder mit Anchovis bedecken, backen und mit frischem Basilikum dekorieren.

Florentina

Den Boden mit Tomatensauce, Tomatenscheiben, blanchierten roten, grünen und gelben Paprika, blanchiertem Spinat und Mozzarellascheiben belegen. 15 Min. backen, ein Ei in die Mitte schlagen und backen, bis das Ei fest ist.

Neptun

Den Boden mit Tomatensauce, Thunfisch, geriebenem Käse, Anchovis, Tomatenscheiben und schwarzen Oliven belegen. Mit Basilikum garnieren.

Pizza Napoletana

PIZZA NAPOLETANA

Die Pizza Napoletana, auch Pizza Marinara genannt, wurde ursprünglich nur mit Tomaten und Olivenöl zubereitet.
Heute wird sie mit Mozzarella und Anchovis angereichert.

Vorbereitungszeit: 1 Std.
Garzeit: ca. 25 Min.
Für 4 Personen

ZUTATEN

500 g Hefeteig (siehe Seite 124)
300 g Tomatenpüree
300 g Mozzarella
1 kleine Dose Anchovis in Öl
reichlich Oregano und Olivenöl

1 Pizzaform (26 cm Ø) mit Olivenöl einfetten. Den Teig mit etwas Olivenöl kneten, ihn dabei mehrfach auf die Arbeitsfläche schlagen.

2 Die Form mit dem Teig vollständig auslegen, indem man ihn von innen nach außen zieht und flach drückt, dabei einen Rand bilden.

3 Tomatenpüree bis auf wenige cm am Rand darauf verteilen. Den Ofen auf 250° C vorheizen.

4 Mozzarella in Scheiben schneiden. Eine Hälfte auf der Pizza verteilen, die Anchovisfilets darauf anordnen. Mit Oregano bestreuen.

5 Pizza mit reichlich Olivenöl beträufeln und 25-30 Min. backen. Kurz vor Ende der Backzeit den restlichen Mozzarella auflegen.

TIP

Die Pizza backen, bis der Boden hellbraun geworden ist. Durch vorsichtiges Anheben mit einem Spachtel prüfen.

Pizza Pazza

PIZZA PAZZA

Diese Pizza wird durch den Belag mit Salami und Gewürzgurken besonders aromatisch. Mit reichlich frisch gemahlenem schwarzem Pfeffer bestreut servieren.

Vorbereitungszeit: 30 Min.
Garzeit: 30 Min.
Für 4 Personen

ZUTATEN

500 g Hefeteig (siehe Seite 124)

100 g gefüllte grüne Oliven

100 g Salami in dicken Scheiben

200 g Mozzarella

300 g Tomatenpüree

100 g Artischockenherzen in Öl

30 g Gewürzgurken oder Kapern

frisches Basilikum

Olivenöl und Oregano

Salz und Pfeffer

1 Eine große Pizzaform einfetten. Mit dem Teig auslegen, dabei einen höheren Rand bilden.

2 Tomatenpüree bis auf 2 cm am Rand auf dem Teig verteilen. Den in Scheiben geschnittenen Mozzarella darauflegen. Den Ofen auf 250° C vorheizen.

3 Salami würfeln, Artischokken, Oliven und Gurken in Scheiben schneiden. Alle Zutaten und das Basilikum auf der Pizza verteilen.

4 Mit Salz und reichlich Pfeffer würzen. Mit Öl beträufeln, reichlich Oregano aufstreuen und 25-30 Min. backen.

TIP

Für eine raffiniertere Garnierung einige Gürkchen zurückbehalten, zu Fächern schneiden und in der Mitte der Pizza anordnen.

Kleine Gartenpizze

PIZZETTE ALLA GIARDINIERA

Diese Pizze verdanken ihren Namen den verschiedenen eingelegten Gemüsen, mit denen sie neben Tomaten und Mozzarella belegt werden.

Vorbereitungszeit: 30 Min.
Garzeit: 30 Min.
Für 4 Personen

ZUTATEN

500 g Brotteig
1 kleine Dose Anchovis in Öl
10 schwarze, entsteinte Oliven
10 Artischockenherzen aus der Dose
2 Mozzarella in Würfeln
1 EL Kapern in Essig
1 kleine Dose Pilze in Öl
300 g geschälte, gehackte Tomaten aus der Dose
1 EL Oregano
3 EL Olivenöl

1 Teig in Portionen teilen und in kleine, gefettete Formen geben, mit Tomaten und Mozzarella bedecken.

2 Pizze mit Anchovis, Oliven, Artischocken, Kapern und Pilzen belegen. Den Ofen auf 250° C vorheizen.

3 Pizze vollständig mit Olivenöl begießen und mit Oregano bestreuen. 20-25 Min. backen. Sofort knusprig servieren.

TIP

Statt des Brotteiges kann auch ein fertiger Pizzateig mit den oben genannten Zutaten belegt werden. Um das Austrocknen der Pizze zu vermeiden, ca. 10 Mozzarellawürfel 5 Min. vor Ende der Garzeit darauf verteilen.

Kleine Lachspizze

PIZZETTE AL SALMONE

Diese ungewöhnlichen Pizze serviert man als delikaten Imbiß. Mit reichlich Basilikum garnieren.

Vorbereitungszeit: 1½ Std.
Backzeit: ca. 20 Min.
Für 4 Personen

ZUTATEN

500 g Brotteig
12 kleine Scheiben Räucherlachs
300 g gehackte Tomaten aus der Dose
2 Mozzarella in Scheiben
Oregano
Olivenöl
schwarze Pfefferkörner

1 Teig vierteln, leicht kneten, und von jeder Portion etwas Teig abnehmen. 12 Schlangen für die Garnierung daraus rollen.

2 Jede Portion zu einem dünnen 15-cm-Ø-Kreis formen und 4 mit Öl gefettete kleine Formen damit auslegen.

3 Mit etwas Öl bestreichen und etwas Tomatenfleisch darauf geben.

TIP

Statt des Brotteigs kann auch ein fertiger Pizzateig verwendet werden.

4 Jeweils 3 Teigschlangen über Kreuz auf die Pizze legen, so daß jede in 6 gleiche Sektoren geteilt ist. Den Ofen auf 220° C vorheizen.

5 3 dieser Sektoren (immer abwechselnd 1 Dreieck frei lassen) mit je 1 Scheibe Mozzarella, etwas Tomate und einer guten Prise Oregano versehen. Mit etwas Öl beträufeln und 20 Min. backen.

6 Herausnehmen und die freien Sektoren mit je 1 Lachsscheibe belegen. Mit frisch gemahlenem Pfeffer würzen und für 1 Min. in den Ofen geben. Sofort sehr heiß servieren.

Pizzette
PIZZETTE

Diese kleinen Pizze frisch aus dem Ofen servieren, mit Basilikumblättern dekorieren.

Vorbereitungszeit: 1 Std.
Garzeit: ca. 10 Min.
Für 4 Personen

ZUTATEN

500 g Blätterteig
300 g reife Tomaten (oder aus der Dose)
2 Mozzarelle
etwas Butter
Oregano
einige Anchovisfilets
evtl. 1 EL Kapern
gehacktes Basilikum
Olivenöl
Salz und Pfeffer

1 Die Tomaten kurz in heißem Wasser abbrühen, die Haut abziehen, die Tomaten aushöhlen und kleinschneiden.

2 Anchovisfilets waschen und in Stückchen schneiden. Die Mozzarelle würfeln.

3 Den Teig ca. 1/2 cm dick ausrollen und Kreise von ca. 6 cm Ø mit glattem oder gezacktem Rand ausstechen. Die Teigreste verkneten, ausrollen und Kreise ausstechen.

4 Die Kreise auf einem gefetteten Backblech verteilen und mit einer Gabel einstechen. Die Tomatenstreifen darauf verteilen. Den Ofen auf 190° C vorheizen.

5 Anchovisfilets, Mozzarelle und Kapern auflegen, mit Oregano und Basilikum bestreuen, salzen und pfeffern.

6 Zuletzt die Pizzette mit etwas Öl beträufeln und ca. 10 Min. backen.

7 Die Pizzette aus dem Ofen nehmen und mit Basilikum garniert servieren.

Käsefladen

FOCACCIA AL FORMAGGIO

Ein rustikales und besonders schmackhaftes Fladenbrot, das direkt aus dem Ofen serviert wird.

Vorbereitungszeit: ca. 1 Std.
Backzeit: ca. 30 Min.
Für 4 Personen

ZUTATEN
350 g Mehl
80 g Gruyère
80 g Parmesan im Stück
40 g Pecorino in 1 Scheibe
20 g Hefe
2 verquirlte Eier
Olivenöl
Salz

1 Hefe in wenig warmem Wasser auflösen, mit 1/3 des Mehls zu einer Kugel formen. Kreuzweise einschneiden, mit einem Tuch bedeckt an einem warmen Ort aufgehen lassen.

2 50 g Parmesan und 50 g Gruyère reiben, den Rest würfeln. Alles mit den Eiern mischen. Den Ofen auf 190° C vorheizen.

TIP

Statt Gruyère und Parmesan können auch andere Käsesorten verwendet werden.

3 Restliches Mehl, Salz, 1 EL Öl und 4 EL Wasser mischen, den Hefeteig und die Ei-Käse-Mischung zugeben.

4 Kräftig kneten, bis der Teig sich von der Arbeitsfläche löst. Eine Kugel formen und in eine mit Mehl bestäubte Schüssel legen. Mit einem Tuch bedeckt nochmals an einem warmen Ort aufgehen lassen.

5 Teig in eine flache, mit Öl gefettete Form geben und flach drücken, bis er ungefähr 1/2 cm dünn ist.

6 Oberfläche mit einem Hauch Öl bestreichen, 30-40 Min. backen. Herausnehmen und sehr heiß servieren.

Rosmarin-Fladen

FOCACCIA AL ROSMARINO

Diesen rustikalen Fladen anstelle von Brot
als Beilage servieren.
Früher bereitete man ihn mit Schmalz
statt mit Öl zu.

Vorbereitungszeit: 1½ Std.
Backzeit: 1 Std.
Für 6 Personen

ZUTATEN

500 g Mehl
100 ml Öl
25 g Hefe
125 ml Milch
1 Zweig Rosmarin (oder 1 Zweig Salbei)
feines und grobes Salz

1 Eine 30-cm-Ø-Form einfetten und mit Mehl bestäuben. 1 Tasse Mehl mit Hefe und etwas warmer Milch verkneten. Eine Kugel formen, ein Kreuz einschneiden und in einer mit Mehl bestäubten Schüssel etwa ½ Std. aufgehen lassen.

2 Das übrige Mehl auf die Arbeitsfläche geben, eine Mulde eindrücken. Öl, 1 TL feines Salz, gehackten Rosmarin und den Hefeteig hineingeben und mit so viel warmer Milch verkneten, daß ein weicher Teig entsteht. Weiter bearbeiten, bis er glatt und geschmeidig ist. Ab und zu mit Mehl bestäuben. Den Ofen auf 200° C vorheizen.

3 Teig ausrollen und so in die vorbereitete Form drücken, daß er diese ganz ausfüllt und überall gleichmäßig dick ist.

4 Oberfläche mit einem Messer rautenförmig einschneiden und evtl. Rosmarinblättchen in einige Schnittpunkte stecken. Oberfläche mehrfach mit einer Gabel anstechen, grobes Salz aufstreuen und Fladen etwa 1 Std. backen. Aus der Form heben und in Rauten geschnitten servieren.

Fladen mit Oliven

FOCACCIA ALLE OLIVE

Dieser mediterrane Leckerbissen wird in Dreiecke geschnitten serviert. Nach Geschmack mit Schinken oder Käse belegen.

Vorbereitungszeit: 30 Min.
Garzeit: ca. 1 Std.
Für 4-6 Personen

ZUTATEN

500 g Mehl
100 g Butter
25 g Hefe
gehackte Rosmarin- und Salbeiblätter
6 EL Öl
Milch
15 entsteinte Oliven
Salz

1 Hefe in der Milch auflösen und mit ca. 50 g Mehl zu einem weichen Teig verarbeiten. Kräuter hinzugeben und 30 Min. zugedeckt aufgehen lassen.

2 Restliches Mehl auf die Arbeitsfläche geben und mit weichen Butterstückchen (1 TL zurückbehalten), Öl, 1 TL Salz, Hefeteig und warmer Milch zu einem weichen Teig verkneten.

3 Backofen auf 200° C vorheizen. Eine flache Form von 30 cm Ø mit Butter einfetten und mit Mehl bestäuben. Teig gleichmäßig in der Form verteilen, mehrfach einstechen und Oliven eindrücken.

4 Fladen ca. 1 Std. im Ofen backen. Vor dem Servieren abkühlen lassen.

TIP

Wenn nur wenig Zeit zur Verfügung steht, kann auch fertiger Brotteig verwendet werden. In diesem Fall gibt man ca. 4 EL Öl zum Teig und knetet ihn kurz mit den Händen auf einer mit Mehl bestäubten Arbeitsfläche.

Rustikales Fladenbrot

FOCACCIA RUSTICA

Dieses leckere Fladenbrot, mit Speckwürfeln und schwarzen Oliven belegt, wird vor dem Backen mit Olivenöl beträufelt.

Vorbereitungszeit: 20 Min.
+ Zeit zum Aufgehen
Backzeit: 25-30 Min.
Für 8 Personen

ZUTATEN

25 g frische oder 15 g Trockenhefe
1 TL Honig
700 g ungebleichtes Mehl
1/2 TL Salz
4 EL Olivenöl
Basilikumblätter zum Garnieren

Für den Belag

1 EL Tomatenpüree
1 EL gemischte getrocknete Kräuter
4 Scheiben durchwachsener Speck ohne Rinde, gewürfelt
1 EL gehackte Tomaten
12 schwarze, entsteinte Oliven
1 EL Olivenöl

1 Den Ofen auf 220° C vorheizen. Hefe in 1 Tasse Wasser auflösen, Honig zugeben. Wenn die Hefe Blasen wirft, mit Salz, Olivenöl, 600 ml lauwarmem Wasser und Mehl zu einem weichen Teig verarbeiten.

Das Fladenbrot zu Tomatensuppe oder anderen Vorspeisen servieren.

2 Den Teig glattkneten, evtl. etwas Mehl dazugeben. 1 Std. ruhen lassen, bis sich das Volumen verdoppelt hat, dann zusammendrücken und weitere 2 Min. kneten. Auf einem Backblech zum Kreis ausrollen.

3 Den Teig mit Tomatenpüree bestreichen, mit Kräutern, Tomatenstücken und Oliven belegen, dann mit Olivenöl beträufeln. 15 Min. aufgehen lassen.

4 In 25-30 Min. knusprig backen, mit Basilikumblättern garniert servieren.

TIP

Getrocknete Thymian-, Rosmarin- und Basilikumblätter verwenden oder eigene Kräuterkombinationen zusammenstellen.

Sardinenfladen

FOCACCIA ALLE SARDINE

Dieser Fladen wird heiß als Vorspeise oder kalt mit einem Püree aus Hülsenfrüchten als Zwischenmahlzeit serviert.

Vorbereitungszeit: 40 Min.
+ Zeit zum Aufgehen
Backzeit: ca. 30 Min.
Für 4 Personen

ZUTATEN

400 g geputzte Sardinen
2 Knoblauchzehen
1 Bund Basilikum
1 Bund Petersilie
Olivenöl
Salz und Pfeffer
Für den Teig
500 g Mehl
50 g Schmalz
25 g Hefe
Salz

3 Mit warmem Wasser zu einem weichen Teig verkneten. Eine Kugel formen, in einer mit Mehl bestäubten Schüssel zugedeckt an einem warmen Ort etwa 1 Std. aufgehen lassen.

1 Petersilie mit 1 Knoblauchzehe fein hacken und die Sardinen damit bestreuen. Mit Öl beträufeln, mit Salz und frisch gemahlenem Pfeffer würzen und unter gelegentlichem Wenden marinieren, bis der Teig fertig ist.

2 Mehl auf die Arbeitsfläche häufeln, die zerbröckelte und in etwas warmem Wasser aufgelöste Hefe, Schmalz in kleinen Stücken und 1/2 TL Salz in die Mitte geben.

4 Backofen auf 220° C vorheizen. Teig nochmals kneten und zu einem dünnen Kreis ausrollen. Eine mit Öl gefettete Form damit auslegen und die abgetropften Sardinen darauf anrichten.

5 Mit Salz und Pfeffer würzen, mit dünnen Knoblauchscheibchen und gehacktem Basilikum bestreuen. Mit reichlich Öl begießen und 20-30 Min. backen.

Romagnolische Fladen

PIADINE ROMAGNOLE

Diese Fladen werden auf einer speziellen Schamotteplatte gebacken, die aber durch eine Eisenpfanne ersetzt werden kann.

Vorbereitungszeit: 1 Std.
Garzeit: ca. 5 Min. pro Fladen
Für 6 Personen

ZUTATEN
500 g Mehl
150 g Schmalz
1/2 TL Salz
etwas Wasser oder Milch

1 Mehl auf die Arbeitsfläche geben, eine Mulde eindrükken und Salz und Schmalz hineingeben. Mit warmem Wasser oder Milch zu einem festen Teig verarbeiten.

2 Etwa 10 Min. kneten, Arbeitsfläche nach Bedarf ab und zu mit Mehl bestäuben.

3 Teig in eigroße Stücke teilen und diese mit den Händen zu Fladen ziehen.

4 Die Fladen mit etwas Mehl bestäuben und aufeinanderlegen, damit sie nicht austrocknen. Mit einem Küchentuch bedecken.

5 Platte oder Pfanne auf der Glut erhitzen und einen Fladen auflegen. Mit einer Gabel mehrfach anstechen, damit der Teig leichter gart.

6 Wenn die erste Seite gebacken ist, Fladen mit einem Spachtel wenden und von der anderen Seite garen. Fertige Fladen mit einem Küchentuch bedeckt warm halten, bis alle Teigtaschen gebacken sind. Mit gehobeltem Parmesan, Schinken und Salami gefüllt servieren.

Gefüllte Schmalzfladen

TIGELLE

Tigelle — kleine fritierte Fladen — werden mit einer Speckpaste bestrichen serviert.

Vorbereitungszeit: 45 Min.
+ Zeit zum Aufgehen
Garzeit: 10 Min.
Für 4 Personen

ZUTATEN
500 g Mehl
30 g Hefe
75 g Schmalz
75 g fetter Speck
1 Zweig Rosmarin
1 Knoblauchzehe
Schmalz zum Fritieren
Salz

1 Mehl mit 1 TL Salz und der in etwas warmem Wasser gelösten Hefe verkneten, mit warmem Wasser zu einem glatten Teig verarbeiten.

2 Teig zu einer Kugel formen und zugedeckt an einem warmen Ort etwa 1 Std. aufgehen lassen.

3 Teig 3 mm dick ausrollen und Kreise von 10 cm Ø ausstechen.

4 Speck mit Rosmarinblättern und Knoblauch im Mörser zerstampfen oder sehr fein wiegen.

5 Teigfladen in reichlich Schmalz ausbacken und auf Küchenpapier abtropfen lassen.

6 Von den Fladen einen Deckel abschneiden. Den unteren Teil mit Speckpaste bestreichen und Deckel wieder aufsetzen.

TIP

Klassisch zubereitet bäckt man die Teigkreise auf mit Schmalz bestrichenen Tonscheiben — „Tigelli“ genannt. Diese Tigelli legt man in den Kamin, so daß der Teig in der Hitze der Kohlenglut gebacken wird.

Apulische Panzerotti

PANZEROTTI PUGLIESI

Mit Tomaten und Mozzarella gefüllte große, knusprige Teigtaschen werden sehr heiß als Imbiß serviert.

Vorbereitungszeit: 1 Std.
Backzeit: 10 Min.
Für 4 Personen

ZUTATEN
500 g Mehl
25 g Hefe
3 ganze Mozzarella
500 g Tomatenpüree
Oliven- oder Keimöl
Oregano
Salz
schwarze Pfefferkörner

1 Hefe in wenig warmem Wasser auflösen. Mehl auf eine Arbeitsfläche geben, eine Mulde hineindrücken, die Hefe und etwas Salz zugeben. Mit warmem Wasser zu einem elastischen Teig verkneten. An einem warmen Ort 1 Std. gehen lassen.

2 Tomatenpüree bei starker Hitze einkochen lassen. Den Teig 1/2 cm dick ausrollen und Kreise 10-12-cm-Ø ausschneiden. Die Teigkreise zur Hälfte mit Tomatenpüree bestreichen.

3 Je 1 dünn geschnittene Scheibe Mozzarella auf das Püree legen, mit reichlich frisch gemahlenem Pfeffer, etwas Salz und reichlich Oregano würzen.

4 Die Teigkreise zu Halbmonden zusammenklappen und an den Rändern fest zusammendrücken. Die Panzerotti nacheinander in heißem Öl fritieren, bis sie goldbraun und knusprig sind. Herausheben, abtropfen lassen und sofort servieren.

Käse-Tart
CROSTATA AL FORMAGGIO

Diese Tart aus Käse, Mascarpone und Sahne schmeckt sowohl heiß als auch kalt.

Vorbereitungszeit: 20 Min.
Garzeit: 40 Min.
Für 4 Personen

Z U T A T E N

1 Packung tiefgefrorener Blätterteig
200 g Ricotta
200 g Mascarpone
20 g Butter
2 Eier
50 g geriebener Käse
150 ml Sahne
1 Stück Ingwer, gerieben
etwas Mehl
Salz

1 Ricotta durch ein Sieb passieren. Mascarpone, Salz, Sahne, Käse und Ingwer verrühren. Den Ofen auf 180° C vorheizen.

2 Den Teig dünn ausrollen und eine gefettete und bemehlte Kuchenform damit auslegen.

3 Die Ricottacreme in die Kuchenform geben und glattstreichen. Den Rand des Teiges nach innen klappen und rundherum mit einem Messer oder den Zinken einer Gabel zacken.

4 Ca. 40 Min. backen. Die Tart einige Min. im Ofen ruhen lassen. Heiß oder kalt servieren.

Die Tart in einer gefriergeeigneten ofenfesten Form zubereiten, mit Alufolie abdecken. Bis zu 2-3 Monaten in der Tiefkühltruhe aufbewahren. Im Ofen bei 160° C langsam auftauen lassen, bei 180° C fertigbacken.

Lauch-Tart

CROSTATA DI PORRI

Diese besondere Tart wird als warme Vorspeise, evtl. in der Form, serviert.

Vorbereitungszeit: 1½ Std.
Garzeit: ca. 1 Std.
Für 4 Personen

ZUTATEN
1 Packung tiefgefrorener Mürbeteig
500 g Lauch
80 g Butter
30 g Mehl
50 g geriebener Käse
200 ml Milch
1 Eigelb
getrocknete Bohnen
Salz und Pfeffer

1 Den Lauch putzen, waschen und in kochendem Salzwasser 10 Min. garen.

2 Den abgetropften Lauch in 40 g gesalzener, zerlassener Butter schwenken. Den aufgetauten Teig ausrollen und eine mit Butter gefettete Tartform damit auslegen. Den Ofen auf 180° C vorheizen.

3 Die Oberfläche des Teiges mit Alufolie bedecken und die getrockneten Bohnen darauflegen. Den Teig ca. 25 Min. blindbacken.

4 Inzwischen eine Béchamelsauce vorbereiten. Das Mehl in 30 g heißer Butter einrühren, warme Milch dazugeben. Glattrühren und mit Salz und Pfeffer würzen. Käse und Eigelb mit dem Schneebesen unterrühren.

5 Den Tartboden aus dem Ofen nehmen, Alufolie und Bohnen entfernen. Erst die Sauce, dann den Lauch in einer Schicht auf dem Boden verteilen und weitere 20 Min. im Ofen garen, kurz ruhen lassen. Noch warm servieren.

Endivien-Tart

CROSTATA D'INDIVIA

Die Kombination von leicht bitterem Endiviensalat und Sultaninen macht diese Tart besonders delikat.

Vorbereitungszeit: 15 Min.
Backzeit: ca. 40 Min.
Für 4 Personen

ZUTATEN
500 g Brotteig
4 Köpfe Endiviensalat
150 g entsteinte grüne und schwarze Oliven
4 Anchovisfilets
1 EL Sultaninen
1 EL Pinienkerne
1 EL Kapern
Olivenöl und Salz

1 Endivien kurz in kochendem Salzwasser blanchieren, herausheben und ausdrücken. Anchovis abspülen und kleinschneiden.

2 In Streifen geschnittene Endivien, Anchovis, Kapern und kleingeschnittene Oliven in heißem Öl andünsten.

3 Den Teig ausrollen und eine gefettete 26-cm-Ø-Form damit auslegen.

4 Dünn mit Öl bestreichen, Endivienbelag daraufgeben. Mit Sultaninen und Pinienkernen bestreuen, mit Öl beträufeln. Den Ofen auf 220° C vorheizen. 10 Min. ruhen lassen, dann 20 Min. backen.

TIP

Den Brotteig kann man, wenn man ihn nicht selbst herstellt, beim Bäcker vorbestellen. Vor der Verwendung Teig auf der bemehlten Arbeitsplatte durchkneten und aufgehen lassen. Nach Geschmack 1 oder 2 EL Öl hinzufügen.

Zwiebel-Tart
CROSTATA DI CIPOLLE

Diese Tart ist sehr delikat. Sie kann gut im voraus zubereitet werden, da sie auch kalt gut schmeckt.

Vorbereitungszeit: 20 Min.
Garzeit: ca. 1 Std.
Für 4 Personen

Z U T A T E N

500 g Brotteig
1 kleine Dose Anchovisfilets
500 g Zwiebeln in Scheiben
100 g entsteinte Oliven
5-6 kleine Tomaten
1/2 Bund Basilikumblätter
1/8 l Olivenöl
Salz und Pfeffer

1 Zwiebeln in dünne Scheiben schneiden und in 2 EL Öl weich dünsten, mit Salz und Pfeffer würzen. Anchovis abtropfen lassen.

2 Eine Pizzaform mit Öl einfetten. Den Teig zu einem Kreis vom Durchmesser der Form 1/2 cm dick ausrollen.

Zur Tart paßt sowohl Wein als auch Bier. Beim Wein kann zwischen Weiß-, Rot- oder Roséweinen gewählt werden.

3 Die Form mit dem Teig auslegen. Die Zwiebelscheiben gleichmäßig auf dem Teig verteilen.

4 Tomaten ca. 3 Min. in kochendem Wasser brühen, häuten und in Scheiben schneiden. Tomatenscheiben, Anchovis, Oliven und Basilikumblätter auf die Zwiebeln geben. Backofen auf 180° C vorheizen.

5 Tart mit dem restlichen Öl begießen und mit Pfeffer würzen. Im Backofen 40 Min. backen. Heiß oder kalt servieren.

Spargel-Tart
CROSTATA DI ASPARAGI

Ein Gericht, das derjenige besonders schätzen wird, der die vegetarische Küche liebt.

Vorbereitungszeit: 2 Std.
Garzeit: ca. 1½ Std.
Für 4-6 Personen

ZUTATEN

500 g gesalzener Mürbeteig
1 kg grüner Spargel
4 Artischockenherzen
3 Karotten in Scheiben
ca. 120 g Butter
50 g Mehl
50 g geriebener Emmentaler
50 g geriebener Parmesan
2 Eier
½ l Milch
Muskatnuß, Salz und Pfeffer

1 Den Ofen auf 180° C vorheizen. Das Gemüse getrennt in Salzwasser blanchieren. Die Artischockenherzen vierteln. Spargel und Artischocken getrennt in Butter schwenken. Den Teig ausrollen, eine mit Butter gefettete Tartform damit auslegen und ca. 25 Min. backen.

2 Das Mehl in 50 g Butter anbräunen, mit der erwärmten Milch ablöschen. Mit Salz, Pfeffer und geriebener Muskatnuß würzen, 3 Min. unter ständigem Rühren kochen. Vom Feuer nehmen, etwas abkühlen lassen, und Eier, Emmentaler und Parmesan unterrühren.

3 Den Tartboden aus dem Ofen nehmen, etwas abkühlen lassen und ⅔ der Sauce einfüllen.

4 Spargel, Artischockenstücke und Karottenscheiben abwechselnd auflegen.

5 Mit der restlichen Sauce bedecken, und die Tart zum Gratinieren für wenige Min. in den heißen Ofen stellen.

TIP

Die Tart kann auch nur mit Spargel oder Artischocken zubereitet werden. Dann die Menge verdoppeln.

Muschel-Tart
CROSTATA DEL MARE

Ein delikates, nach Meer duftendes Gericht, das heiß und als einziger Gang gegessen werden sollte.

Vorbereitungszeit: 30 Min.
Garzeit: ca. 1 Std.
Für 4 Personen

ZUTATEN

400 g gesalzener Mürbeteig
1 kg Miesmuscheln
1 kg Venusmuscheln
50 g Butter
200 g Champignons
1 kleine, gehackte Zwiebel
1 zerdrückte Knoblauchzehe
1 EL gehackte Petersilie
etwas Mehl
1 Zitrone
1/8 l trockener Weißwein
Salz und Pfeffer

1 Die Muscheln gründlich waschen, offene aussortieren. In einer großen Pfanne bei starker Hitze sich öffnen lassen. Geschlossene aussortieren. Muscheln aus den Schalen lösen. Einige für die Dekoration in ihrer Schale lassen.

2 Die Garflüssigkeit der Muscheln durch ein mit einem Tuch ausgelegtes Sieb filtern.

3 Die Pilze säubern, in feine Scheiben schneiden und in kaltes, mit Zitronensaft gesäuertes Wasser legen. Zwiebel und Knoblauch in 30 g Butter glasig dünsten, Petersilie und Pilze hinzufügen. 7-8 Min. braten, mit 1 EL Mehl bestäuben, umrühren und zu einer dickflüssigen Sauce einkochen lassen.

4 Mit Wein und Garflüssigkeit angießen, salzen, pfeffern und bei wenig Hitze ca. 15 Min. köcheln. Die Pilze und Muscheln zugeben und weitere 3-4 Min. köcheln lassen. Den Ofen auf 180° C vorheizen.

5 Ca. 50 g Teig abtrennen. Den Rest ausrollen, eine gefettete, bemehlte 24-cm-Ø-Backform damit auslegen, einstechen. Den Teigrest zu einer Rolle geformt an den Rand drücken.

6 Den Teig mit einem Blatt Pergamentpapier und trockenen Bohnen bedecken, ca. 1/2 Std. backen.

7 Papier und Bohnen entfernen. Die Muscheln auf dem Boden verteilen und im Ofen erhitzen. Mit den zurückbehaltenen Muscheln verziert servieren.

Spinattorte

TORTA DI SPINACI

Diese Gemüsetorte schmeckt heiß serviert hervorragend. Sie kann aber auch kalt gereicht werden.

Vorbereitungszeit: 2 Std.
Backzeit: 45 Min.
Für 4-6 Personen

ZUTATEN

1 Paket tiefgefrorener Blätterteig (500 g)
800 g frischer Spinat
400 g Ricotta
150 g Parmaschinken
100 g gekochter Schinken
80 g geriebener Parmesan
2 EL Öl
etwas Butter
1 verquirltes Ei
Salz und Pfeffer

1 Blätterteig auftauen. Spinat putzen und waschen. Mit einer Prise Salz ca. 10 Min. unter Rühren garen. Abgießen, gut ausdrücken und fein hacken. Schinkensorten getrennt kleinschneiden. Öl erhitzen, Parmaschinken, Spinat und Salz hineingeben und ca. 10 Min. schmoren. Abkühlen lassen. Ricotta durch ein Sieb streichen, mit gekochtem Schinken und Parmesan zugeben. 2/3 des Teiges zu einem ca. 40-cm-Ø-Kreis ausrollen.

2 Eine mit Butter gefettete 23-cm-Ø-Springform damit auslegen. Rand 2 cm überstehen lassen.

3 Teigboden mit einer Gabel anstechen, Spinatfüllung gleichmäßig darauf verteilen. Den Backofen auf 190° C vorheizen.

4 Den restlichen Teig teilen. Einen Teil zu einem Kreis vom Durchmesser der Springform ausrollen und damit die Füllung bedecken. Den überhängenden Teigrand darüberschlagen. Aus dem restlichen Teig einen Streifen von 1 cm Breite und einige Blätter und Blüten formen. Den Streifen auf die Nahtstelle legen und die Oberfläche mit dem verquirlten Ei bestreichen.

5 Die Torte mit den Blüten und Blättern verzieren. 45 Min. goldgelb backen, vor dem Servieren abkühlen lassen.

Spargel-Omelettes
CRESPELLE AGLI ASPARAGI

Ein leichtes und originelles Gericht, das auch mit anderem Gemüse wie Artischocken, Pilzen oder Spinat zubereitet werden kann.

Vorbereitungszeit: 1 Std.
Garzeit: 30 Min.
Für 4 Personen

ZUTATEN

100 g Mehl
4 Eier
1/8 l Milch oder Wasser
Salz
Für die Füllung und die Sauce
100 g Emmentaler in feinen Scheiben
50 g geriebener Granakäse
1 Bund grüner Spargel
50 g Mehl
250 ml Milch
100 g Butter
Muskatnuß
Salz

1 Für die Crespelle die Eier verquirlen, das Mehl zugeben und zu einem glatten Teig verrühren. Salz und Milch einrühren, kurz ruhen lassen und mit wenig Butter kleine Omelettes daraus braten, warm halten.

2 Den Spargel putzen, die harten Enden abschneiden, waschen, kochen und „al dente" abgießen. Mit 30 g Butter durch ein Sieb passieren.

3 Aus 50 g Butter, Mehl und Milch eine Sauce kochen. 1/4 davon zurückbehalten. Den Rest mit Spargel, Muskatnuß und geriebenem Käse verrühren.

4 Die Spargelcreme auf den Omelettes verteilen, je eine Scheibe Emmentaler auflegen und die Omelettes viermal falten. In einer feuerfesten Form mit dem Rest Sauce übergießen und kurz überbacken.

TIP

Crespelle brät man in einer Eisen- oder teflonbeschichteten Pfanne. Am besten geeignet sind spezielle elektrische Crêpe-Pfannen.

Scharfe Pfannkuchen

CRESPELLE RIPIENE

Dieses scharf gewürzte Gericht ist etwas für Geschmacksnerven. Falls erforderlich, zum „Löschen“ eiskaltes Bier reichen.

Vorbereitungszeit: 30 Min.
Garzeit: 25-30 Min.
Für 4 Personen

Z U T A T E N

Butter zum Einfetten

8 Pfannkuchen

300 ml fertige Béchamelsauce

1 EL gehackte Petersilie

Für die Füllung

2 EL Pflanzenöl

1 feingehackte Zwiebel

1 zerdrückte Knoblauchzehe

450 g mageres Rinderhack

1 gehackte grüne Paprika

1 gehackte rote Paprika

2 grüne Chilischoten, entkernt und feingehackt

1 TL Paprikapulver

300 ml Passatosauce (oder frisches Tomatenpüree)

150 ml Rinderbrühe

Salz und Pfeffer

1 Für die Füllung Zwiebel und Knoblauch im Öl 2-3 Min. leicht anbraten. Hackfleisch zugeben und von allen Seiten braun braten. Paprika, Chili und Paprikapulver zugeben. Weitere 2 Min. garen.

2 Passatosauce und Rinderbrühe zugeben, mit Salz und Pfeffer abschmecken. Ohne Deckel 10-15 Min. kochen, bis die Flüssigkeit etwas einkocht.

3 Ofen auf 200° C vorheizen. Vier kleine Gratinformen einfetten, 2 EL Hackfüllung auf jeden Pfannkuchen geben, einrollen und je zwei Pfannkuchen in eine Form legen. Je ein Viertel der Béchamelsauce zugeben und 10 Min. backen. Mit Petersilie bestreuen.

Mit frischem grünem Salat, bestehend aus Kopfsalat, Gurke und glatter Petersilie, servieren.

Dieses Gericht kann im voraus zubereitet und eingefroren werden. Unaufgetaut in eine Form geben, abdecken und bei 200° C 30-40 Min. vollständig erhitzen.

Deftige Omelettes

FRITTATE AROMATICHE

Zu diesen einfachen Omeletts reicht
man frische Salate.

Kartoffel-Zwiebel-Omelett

Vorbereitungszeit: 30 Min.
Garzeit: ca. 1 Std.
Für 4 Personen

ZUTATEN

4 Kartoffeln
4 Eier
500 g gehackte Zwiebeln
100 g durchwachsener Speck
etwas Butter
grobes Salz und Pfefferkörner

1 Die Kartoffeln schälen, in kaltem Salzwasser aufsetzen, aufkochen und 10 Min. kochen. Abkühlen lassen und in Würfel schneiden.

2 Den Speck in Stücke schneiden und in Butter bei wenig Hitze anbraten.

3 Die gehackten Zwiebeln zugeben und goldgelb anbraten.

4 Die Kartoffelwürfel dazugeben und ca. 10 Min. darin garen, dabei die Pfanne rütteln. Das Fett abgießen.

5 Die Eier verquirlen, mit Salz und Pfeffer würzen und über die Kartoffeln gießen.

6 Bei wenig Hitze die Eier stocken lassen. Die Pfanne ab und zu rütteln.

7 Das Omelett vom Feuer nehmen, auf einen Teller gleiten lassen und heiß servieren.

Omelett mit Zucchiniblüten

Vorbereitungszeit: 20 Min.
Garzeit: ca. 10 Min.
Für 4 Personen

ZUTATEN

20 Zucchiniblüten
4 Eier
40 g geriebener Parmesan
1 EL Anchovispaste
1 EL Olivenöl
Salz und Pfeffer
Für die Garnierung
einige Zucchiniblüten
1 Bund Schnittlauch

1 Blüten waschen, trockenschwenken. Strunk, Kelchblätter, Stempel entfernen. Blüten in Scheiben schneiden.

2 Die Eier, Salz, Pfeffer, Anchovispaste und Parmesan verquirlen. Zucchiniblüten zugeben.

3 Die Mischung in wenig Öl von beiden Seiten braten.

4 Das Omelett mit in heißem Öl geschwenkten Zucchiniblüten verzieren, den Rand mit Schnittlauchröllchen bestreuen.

Käse-Kräuter-Omelette

FRITTATA ALLE ERBE

VEGETARISCH

Dieses leckere, leichte Omelett ist einfach zuzubereiten und sehr gehaltvoll. Man kann es auch mit anderen Füllungen servieren.

Vorbereitungszeit: 10 Min.
Garzeit: 5 Min.
Für 1 Person

ZUTATEN
2 getrennte Eier
2 EL gehackte Kräuter
15 g Butter
25 g geriebener Emmentaler
1/2 TL geriebener Parmesan

1 Eigelb cremig schlagen. Eiweiß steif schlagen, Kräuter und Eigelb vorsichtig unterheben.

2 Butter erhitzen und Eiermischung hineingeben. 25 g Käse aufstreuen, Eierteig bei niedriger Hitze stocken lassen, bis die Unterseite goldbraun ist.

TIP

Omelettes mit verschiedenen Füllungen zubereiten. Geeignet sind zum Beispiel Spargelspitzen. Evtl. andere Käsesorten wählen.

3 Das Omelett auf den Teller gleiten lassen und zur Hälfte umschlagen. Mit Parmesankäse bestreut servieren.

Für eine vollständige, herzhafte Mahlzeit zu diesem Omelette ein buntes Paprikagemüse reichen.

Hauptgerichte
SECONDI

Rindfleisch-Eintopf

MANZO DELL'ORTO

Mit diesem köstlichen Eintopf aus geschmortem Rindfleisch und knackigem Sommergemüse kann man Gäste verwöhnen.

Vorbereitungszeit: 30 Min.
Garzeit: 1 Std., 45 Min.
Für 4 Personen

ZUTATEN

- **2 EL Pflanzenöl**
- **1 grob gehackte Zwiebel**
- **1 kleine, längs halbierte Karotte**
- **700 g in Würfel geschnittenes Rindfleisch zum Schmoren**
- **200 ml Rotwein**
- **600 ml kochende Rinderbrühe**
- **1 Zweig frischer Thymian**
- **1 Lorbeerblatt**
- **2 TL Maismehl**
- **8 geschabte Baby-Karotten**
- **2 geschälte, geviertelte Pastinaken**
- **1 Stange in 5-cm-Stücke geschnittener Sellerie**
- **75 g geputzte, halbierte grüne Bohnen**
- **1 Bund Frühlingszwiebeln, nur den weißen Teil verwenden**
- **2 EL Kapern**
- **1 EL Weinessig**

1 Ofen auf 170° C vorheizen. 1 EL Öl erhitzen, darin die Zwiebel 3-4 Min. dünsten, aber nicht bräunen. Zwiebel in eine Kasserolle geben, Karotte zugeben, zur Seite stellen. Restliches Öl erhitzen, Fleisch darin von allen Seiten braun anbraten. Fleisch in die Kasserolle geben. Fett abgießen. Um den aromatischen Bratensatz zu lösen, Pfanne wieder auf den Herd setzen, bis es brutzelt.

2 Wein dazugeben, Bratensatz mit einem Holzschaber loskratzen. Beides über das Fleisch gießen. Rinderbrühe einrühren. Thymian und Lorbeerblatt zugeben, bedecken und im Ofen 1½ Std. schmoren. Maismehl mit etwas kaltem Wasser mischen. In die Kasserolle einrühren, wieder in den Ofen stellen.

3 Salzwasser aufkochen, darin das Gemüse 4 Min. kochen. Gut abgießen, unter den Eintopf mischen. Kapern zugeben, mit Weinessig abschmecken. Nochmals 5-10 Min. in den Ofen stellen.

Diesen Eintopf mit heißem Kartoffelpüree und in frisch gehackter Petersilie gewendeten Croûtons servieren.

Rindfleisch in Barolo

BRASATO DI MANZO AL BAROLO

Vorbereitungszeit: 10 Min.
Garzeit: 2½ Std.
Für 6 Personen

ZUTATEN

- **2 EL Olivenöl**
- **1 kg Rinderbraten aus der Schulter oder Keule**
- **350 ml Barolo**
- **1 gehackte Zwiebel**
- **1 gehackte Karotte**
- **1 gehackte Selleriestange**
- **2 Rosmarinzweige**
- **1 zerdrückte Knoblauchzehe**
- **Salz und Pfeffer**
- **geriebene Muskatnuß**

1 Den Ofen auf 180° C vorheizen. Das Fleisch in 1 EL Öl anbraten und in eine Kasserolle geben. Mit etwas Wein den Bratensatz in der Pfanne ablöschen, den restlichen Wein über das Fleisch gießen.

2 Das Gemüse, einen Rosmarinzweig und Knoblauch bei schwacher Hitze 3-4 Min. dünsten, zum Fleisch geben. Mit Wasser auffüllen, bis das Fleisch gerade bedeckt ist. Würzen und zugedeckt 2 Std. garen.

3 Das Fleisch aus der Sauce nehmen und warm stellen. Rosmarin entfernen, Sauce und Gemüse grob pürieren. Das Püree erwärmen, mit Salz und Pfeffer abschmecken. Mit Rosmarin garnieren.

TIP

Das Aroma dieses Gerichtes entfaltet sich, wenn man es zwei Tage kühl aufbewahrt.

Ossobuco

Wörtlich übersetzt heißt diese italienische Delikatesse „offener Knochen". Fertig gegart zergehen Fleisch, Mark, Sehnen und Bindegewebe des zunächst zäh erscheinenden Beinstückes wie Butter auf der Zunge.

Vorbereitungszeit: 5 Min.
Garzeit: 2 Std.
Für 4 Personen

ZUTATEN
350 g reife Tomaten
3 EL Olivenöl
je 1 feingehackte, große Zwiebel und Karotte
2 zerdrückte Knoblauchzehen
4 große, fleischige Scheiben Kalbshaxe
15 g Mehl
2 TL Tomatenmark
150 ml trockener Weißwein
300 ml Kalbsbrühe
Salz und Pfeffer
1 Bouquet garni

1 Tomaten 5 Sek. in kochendes Wasser legen, häuten und hacken. Karotten, Zwiebeln und Knoblauch mit 1 EL Öl in einen Topf geben, zudecken und auf mittlerer Hitze garen, ohne Farbe nehmen zu lassen.

2 Fleischscheiben im restlichen Öl auf beiden Seiten, evtl. nacheinander, kräftig bräunen, herausnehmen.

3 Mehl in die Pfanne geben und umrühren. Tomatenmark, Gemüse, gehackte Tomaten, Wein und Brühe zufügen, mit Salz und Pfeffer würzen, aufkochen. Fleisch und Bouquet garni hineinlegen und zugedeckt $1^1/_2$ Std. köcheln lassen, bis das Fleisch zart ist, aber nicht vom Knochen fällt.

4 Fleischscheiben herausheben und warm stellen. Sauce zum Eindicken kräftig kochen lassen, dabei mit dem Schneebesen glattrühren. Bouquet garni entfernen, Sauce ungesiebt über das Fleisch gießen und servieren.

Kalbsschnitzel mit Rahmchampignons

SCALOPPINE DI VITELLO AI FUNGHI

Hauchdünne Schnitzel
werden in Wein geschmort und mit
grünen Bandnudeln serviert.

Vorbereitungszeit: 15 Min.
Garzeit: 25 Min.
Für 4 Personen

Z U T A T E N

4 Kalbsschnitzel

25 g Butter

1 Zwiebel in Scheiben

100 g Champignons in Scheiben

125 ml Hühnerbrühe

125 ml trockener Weißwein

1 Bouquet garni

225 g grüne Tagliatelle

2 Eigelb

4 EL Sahne

25 g Butter

Salz und Pfeffer

Zitronenachtel und Petersilie zum Garnieren

1 Schnitzel zwischen Pergamentpapier hauchdünn klopfen. Butter erhitzen und Schnitzel von jeder Seite 1 Min. bräunen. Aus der Pfanne heben.

2 Zwiebeln und Pilze weich dünsten. Schnitzel und Bouquet garni auflegen, Wein und Brühe angießen. Aufkochen und zugedeckt 20 Min. köcheln.

3 Inzwischen Wasser aufsetzen und die Tagliatelle 10 Min. garen.

4 Schnitzel aus der Pfanne heben und warm stellen. Bouquet garni entfernen. Eigelb mit Sahne und etwas Kochflüssigkeit verquirlen. Abseits der Hitze in die Sauce geben und unter ständigem Rühren bei wenig Hitze einkochen lassen.

5 Nudeln abtropfen lassen, mit Butter, Salz und Pfeffer würzen und um die Schnitzel herum anrichten. Sauce über das Fleisch geben, garnieren und sofort servieren.

Zu diesem Gericht einen edlen italienischen Wein wie Frascati Superiore, Orvieto Classico oder roten Barolo servieren.

Kalbfleisch-Ragout

SPEZZATINO DI VITELLO

Dieses Gericht schmeckt am besten, wenn es am Vortag zubereitet wurde.

Vorbereitungszeit: 10 Min.
+ Zeit zum Ziehen
Garzeit: 2¼ Std.
Für 6 Personen

ZUTATEN

- **3 EL Öl**
- **900 g mageres Kalbfleisch, in Würfel geschnitten**
- **1 große, feingehackte Zwiebel**
- **2 zerpreßte Knoblauchzehen**
- **2 Selleriestangen mit Blättern, feingehackt**
- **400 g gehackte Tomaten aus der Dose**
- **2 EL Tomatenmark**
- **4 EL gehackte Petersilie**
- **1 EL Sherry- oder Rotweinessig**
- **½ TL gemahlene Mußkatnuß**
- **Salz und Pfeffer**
- **300 ml Rinds- oder Kalbsbrühe**
- **225 g Perlzwiebeln**
- **1 EL Maismehl**

1 2 EL Öl in der Pfanne sehr stark erhitzen, das Fleisch in zwei Partien rundherum kräftig anbraten und in eine Kasserolle geben.

Mit Kartoffelpüree für die Sauce und grünem Gemüse servieren.

2 Das übrige Öl erhitzen und Zwiebel, Knoblauch und Sellerie 5 Min. weich schmoren. Tomaten, Tomatenmark, 3 EL Petersilie, Essig, Muskat hinzufügen, abschmecken.

3 Tomatensauce und Brühe zum Fleisch geben und umrühren. Bei geringer Hitze 1½ Std. köcheln. Abkühlen lassen und über Nacht kalt stellen.

4 Am nächsten Tag die erstarrte Fettschicht entfernen. Perlzwiebeln hineingeben und offen 30 Min. auf niedriger Hitze köcheln. Maismehl mit 2 EL Wasser vermischen und hineinrühren, 5 Min. köcheln. Mit Petersilie bestreut servieren.

Darauf sollten Sie achten

Nicht die gesamte Fleischmenge auf einmal anbraten, die Pfanne kühlt dann zu sehr ab, der Fleischsaft tritt heraus.

Geschmortes Kalbfleisch

VITELLO PRIMAVERA

Ein Ragout mit so viel Gemüse, daß keine weitere Beilage erforderlich ist.

Vorbereitungszeit: 20 Min.
Garzeit: 1 Std.
Für 4 Personen

ZUTATEN

800 g Kalbsbrust
60 g Butter
50 g Bauchspeck in Scheiben
200 g junge, kleine Zwiebeln
200 g enthülste Erbsen
300 g Tomaten aus der Dose
200 g gestiftelte Karotten
1 Stück Zitronenschale
etwas Mehl
1/8 l trockener Weißwein
Salz und Pfefferkörner

1 Fleisch in 2 cm dicke Scheiben schneiden, in Mehl wenden, überflüssiges Mehl abschütteln.

2 Eine Zwiebel und den Speck fein hacken, in der Butter anbräunen, Fleisch zugeben.

3 Die Fleischscheiben bei starker Hitze von beiden Seiten 3 Min. anbraten.

4 Inzwischen Zwiebeln, Karotten und Erbsen nacheinander in dem Salzwasser blanchieren.

5 Zwiebeln zum Fleisch geben, mit Wein ablöschen und verdampfen lassen. Tomaten zugeben und sorgfältig rühren.

6 Karotten, Erbsen und Zitronenschale zugeben und fertiggaren, evtl. etwas heißes Wasser angießen. Mit Salz und reichlich Pfeffer abschmecken.

Kalbsrouladen

INVOLTINI DI VITELLO

Kalbsrouladen: Dünngeschnittenes Fleisch mit einer Kräuter-Zitronenfüllung, mit einem Salat aus Orangen und Brunnenkresse serviert – ein wahrlich himmlisches Essen.

Vorbereitungszeit: 45 Min.
Garzeit: 1 Std.
Für 4 Personen

ZUTATEN

- **8 kleine oder 4 große Kalbsfilets**
- **1-2 EL Dijonsenf**
- **1 EL Öl**
- **15 g Butter**
- **3 dünne Scheiben durchwachsener Speck ohne Schwarte, kleingeschnitten**
- **4 gehackte Schalotten**
- **2 in Scheiben geschnittene Karotten**
- **250 ml Kalbsfond**
- **150 ml Rotwein**

Für die Füllung

- **15 g Butter**
- **4 Scheiben durchwachsener Speck, gehackt**
- **1 kleine feingehackte Zwiebel**
- **50 g Semmelbrösel**
- **2 EL gehackte Petersilie**
- **2 EL gehackter Thymian**
- **50 g Pinienkerne**
- **Saft und Schale 1/2 Zitrone**
- **Salz und schwarzer Pfeffer**

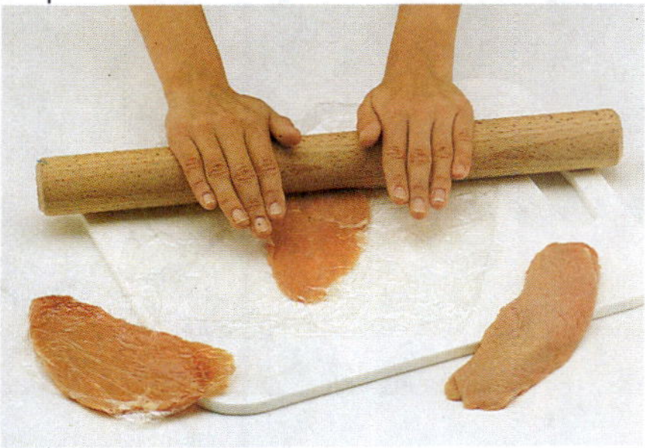

1 Für die Füllung Speck und Zwiebel in Butter anbraten, mit den restlichen Zutaten mischen. Die großen Filets teilen und zwischen Klarsichtfolie legen. Mit einem Nudelholz vorsichtig, aber trotzdem kräftig die Filets zu etwa 6 mm dünnen Scheiben ausrollen.

2 Jede Scheibe dünn mit Senf bestreichen und 1 EL Füllung darauf verteilen, zu Rouladen rollen und mit Garn zubinden.

3 Den Ofen auf 170° C, (Gas Stufe 3) vorheizen. Die Rouladen in Butter und Öl anbraten, herausnehmen und beiseite stellen. Speck, Schalotten und Karotten zufügen und 3-4 Min. braten. Kalbsfond und Rotwein einrühren und einige Minuten kochen.

4 Die Rouladen zugeben, fest verschlossen 40-45 Min. garen. Die Rouladen warm stellen, die Flüssigkeit zu einer Sauce einkochen. Abschmecken und über die Rouladen gießen.

Glasierter Schinken

COSCIOTTO DI MAIALE ARROSTO

KLASSISCH

Dieses ist ein preiswertes und schmackhaftes Gericht für die ganze Familie, das auch kalt sehr gut schmeckt.

Vorbereitungszeit: 25 Min.
+ Einweichen, Abkühlen
Garzeit: 2¼ Std.

ZUTATEN

- **1,8 kg Schinkenbraten**
- **3-6 Lorbeerblätter**
- **1 TL Pfefferkörner**
- **225 g Preiselbeeren**
- **100 g Zucker**
- **50 ml Portwein**
- **1-2 EL Nelken**
- **400 g Aprikosen aus der Dose**

1 Den Schinken in kaltem Wasser über Nacht stehen lassen. Dann mit frischem Wasser aufkochen, abtropfen lassen. Mit frischem Wasser, Lorbeerblättern und Pfefferkörnern aufkochen, zugedeckt 30 Min. köcheln lassen.

2 Preiselbeeren und Zucker in 150 ml Wasser 5 Min. kochen. Abtropfen, Saft einkochen lassen, Portwein zufügen.

3 Den Ofen auf 200° C (Gas Stufe 6) vorheizen. Das Fett rhombenförmig einschneiden, in jede Ecke eine Nelke stecken. Den Schinken mit Sirup bestreichen, 1¼ Std. backen, regelmäßig bestreichen. Preiselbeeren und Aprikosen servieren.

TIP

Anstatt der Preiselbeerglasur Honig-Ingwerglasur ausprobieren: 3 EL Honig mit 2 EL braunem Zucker, ½ TL Dijonsenf und ½ TL Ingwerpulver vermischen und den Schinken vor und während des Backens damit bestreichen.

Schinken schmeckt warm hervorragend mit frischem Gemüse und kalt mit einem frischen Salat. Mit Brunnenkresse garnieren.

Einen Chianti dazu reichen.

Brathähnchen mit Füllung

POLLO ARROSTO RIPIENO

Das Hähnchen am Vortag füllen und kalt stellen, damit das Fleisch gut durchzieht.

Vorbereitungszeit: 3 Std.
Garzeit: ca. 1½ Std.
Für 4-6 Personen

ZUTATEN

1 ausgelöstes Hähnchen
30 g Butter
1 Zweig Rosmarin
⅛ l trockener Weißwein
etwas Brühe
Öl
Salz
Für die Füllung
200 g gekochter Schinken
150 g Schweinelenden
150 g Rindfleisch
3 EL geriebener Parmesan
2 EL Semmelbrösel
1 Ei
1 Apfel
1 Gläschen Brandy
geriebene Muskatnuß
Nelken
Salz und Pfeffer

1 Für die Füllung Fleisch und Schinken sowie evtl. die Innereien des Hähnchens in Stücke schneiden und durch den Fleischwolf drehen.

2 ½ gewürfelten Apfel, 2 EL Semmelbrösel, Parmesan, Ei, Brandy, 1 Prise Muskatnuß, einige zerriebene Nelken, Salz und Pfeffer mit der Fleischmasse verrühren. Den Ofen auf 180° C vorheizen.

3 Das Hähnchen damit, von den Keulen her beginnend, füllen. Das Hähnchen mit der Füllung wieder in Form bringen.

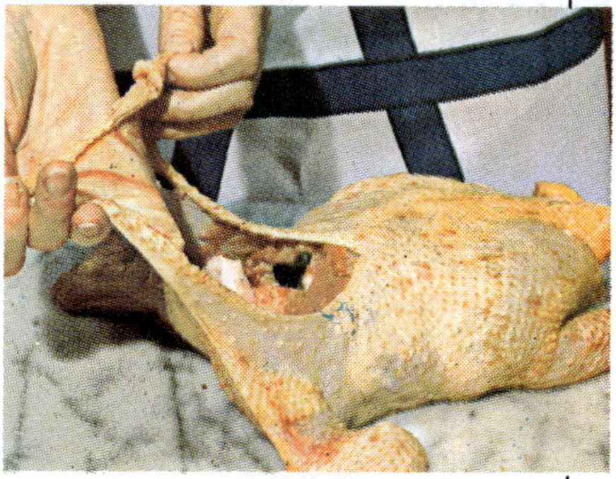

4 Die Haut des Halses vorsichtig über die Öffnung legen und mit Küchengarn vernähen.

5 Die Flügel des Hähnchens auf dem Rücken locker zusammenbinden. Öl und Butter erhitzen, Rosmarin zugeben und das Hähnchen von allen Seiten darin anbraten, mit Wein beträufeln und salzen.

6 Das Hähnchen ca. 1½ Std. im Ofen garen, ab und zu wenden und mit heißer Brühe begießen.

Huhn in Sauce

POLLO IN SALSA

Hühnerfleisch wird besonders schmackhaft, wenn man es zusammen mit Zwiebeln oder Rosinen kocht.

Huhn in Zwiebelsauce

Vorbereitungszeit: 20 Min.
Garzeit: ca. 1½ Std.
Für 4 Personen

ZUTATEN
1 Huhn (1200 g), zerteilt
50 g roher Schinken
700 g feine Zwiebelringe
400 g Tomatenpüree
gemischte Kräuter (1 Lorbeerblatt, 1 Zweig Rosmarin, 1 Zweig Majoran)
1 EL edelsüßes Paprikapulver
4 EL trockener Weißwein
2 EL Öl
Salz und Pfeffer
Für die Garnierung
in Butter angeröstetes Weißbrot

1 Den Schinken zerkleinern und im Öl in einer großen Kasserolle anbraten; Zwiebeln hinzufügen und bei wenig Hitze glasig dünsten. Das Fleisch zugeben. Salzen, pfeffern und bei starker Hitze anbräunen.

2 Gleichmäßig mit Paprika bestäuben, umrühren. Den Wein angießen, verkochen lassen. Kräuter und Tomatenpüree zugeben und bei wenig Hitze geschlossen ca. 1 Std. garen.

3 Die Kräuter entfernen, das Fleisch herausnehmen und warm halten. Die Sauce durch ein feines Sieb passieren und heiß über das Fleisch gießen. Sofort mit dem Brot servieren. Die Sauce evtl. getrennt servieren.

Huhn mit Rosinen

Vorbereitungszeit: 30 Min.
Garzeit: 1¼ Std.
Für 4 Personen

ZUTATEN
1 Huhn (ca. 1200 g)
120 g Wurstbrät
60 g Butter
50 g Rosinen
1 Eigelb
1 Brötchen ohne Kruste, in Milch eingeweicht und ausgedrückt
150 g Champignons
Saft von ½ Zitrone
etwas Fleischbrühe
gehackte Petersilie
1 EL Butter mit 1 EL Mehl
etwas Brandy, 3 EL Sahne
3 EL Portwein
Salz und Pfeffer

1 Das Huhn waschen. Die Leber hacken und mit Wurstbrät, Brötchen, Eigelb und Sahne mischen.

2 Die Rosinen in Brandy einweichen. Die Pilze putzen, waschen, hacken und mit Zitronensaft beträufeln. Mit 1 EL Petersilie und der Lebermischung verrühren. Mit Salz, Pfeffer und 1 EL Brandy abschmecken.

3 Das Huhn mit der Mischung füllen und die Öffnung zunähen. In Butter anbraten, salzen, pfeffern und die Rosinen mit dem Brandy zugeben. Flambieren, mit Portwein beträufeln, Brühe angießen und ca. 1 Std. garen. 10 Min. vor Garzeitende die Sauce mit der mit Mehl vermischten Butter andicken.

Gefülltes Hähnchenfilet

PETTO DI POLLO RIPIENO

Beim Schneiden entdeckt man eine schmackhafte Spinatfüllung. Mit Salat und gekühltem Weißwein servieren.

Vorbereitungszeit: 20 Min.
+ Zeit zum Kühlen
Garzeit: 15 Min.
Für 4 Personen

ZUTATEN

4 Hähnchenfilets ohne Haut
100 g Semmelbrösel
1 verquirltes Ei
Öl zum Fritieren
Zitronenscheiben zum Garnieren

Für die Füllung

100 g gehackter Spinat
150 ml kalte Béchamelsauce
4 EL geriebener Parmesan
1 TL Dijon-Senf
4 EL gehackte Petersilie
geriebene Schale ½ Zitrone
Salz und Pfeffer

1 Das Fleisch auf einer Arbeitsfläche mit einem scharfen Messer waagerecht auf-, aber nicht durchschneiden. Aufgeklappt beiseite legen.

2 Für die Füllung den gut abgetrockneten Spinat mit den anderen Zutaten zur Béchamelsauce geben, nachwürzen.

3 Die Semmelbrösel auf einem Backblech verteilen. Jedes Fleischstück durch das Ei ziehen und eine Seite panieren. Auf die andere 1-2 EL Spinatfüllung geben, 1 cm Rand frei lassen.

4 Das Fleisch zusammenfalten, die Ränder gut zusammendrücken und mit Semmelbröseln panieren. 30 Min. kalt stellen.

5 Das Öl auf 180° C erhitzen, das Fleisch auf jeder Seite 3 Min. fritieren, auf Küchenpapier abtropfen lassen. Bei wenig Hitze im Ofen warm halten, bis das restliche Fleisch fritiert ist.

Rustikaler Hähnchentopf

POLLO ALLA RUSTICA

Dieses Gericht reicht für viele Gäste – einfach die Rezeptmengen verdoppeln oder verdreifachen.

Vorbereitungszeit: 15 Min.
Garzeit: 1 Std., 10 Min.
Für 4-6 Personen

ZUTATEN

10 Hähnchenschenkel
2 EL gewürztes Mehl
2 EL Öl
1 Zwiebel in Scheiben
4 Selleriestangen in Scheiben
225 g geschälte, gewürfelte Kartoffeln
350 g geviertelte Tomaten
2 TL gehackte Petersilie
2 TL gehackter Thymian
300 ml Hühnerbrühe
Salz und Pfeffer
2 TL Maismehl

1 Den Ofen auf 180° C (Gas Stufe 4) vorheizen. Das Fleisch in Mehl wenden und gut abschütteln. Die Zwiebeln 2-3 Min. in heißem Öl braten und in eine Kasserolle geben. Die Hähnchenschenkel in heißem Öl von beiden Seiten anbraten und auf die Zwiebeln legen.

Mit Risotto oder Pasta servieren.

2 Sellerie, Kartoffelwürfel, Petersilie und Thymian über das Hähnchen geben.

3 Die Hühnerbrühe angießen, würzen und bedeckt 45 Min. backen. Aus dem Backofen nehmen. Das Maismehl mit etwas Wasser verrührt unterrühren und zugedeckt weitere 10-15 Min. garen.

Pute auf Hausfrauenart

TACCHINO ALLA CASALINGA

Diese Spezialität schmeckt am besten, wenn man sie mit frischen Pilzen zubereitet.

Vorbereitungszeit: 10 Min.
Garzeit: 50 Min.
Für 4 Personen

ZUTATEN

600 g Putenbrust, in große Würfel geschnitten
200 g frische Braunkappen
200 g Tomaten aus der Dose
1 weiße Zwiebel in Scheiben
1 Knoblauchzehe
1 EL gehackte Petersilie
einige Salbeiblätter
einige Lorbeerblätter
Salz und Pfeffer
getoastetes Weißbrot

1 Die Tomaten kleinschneiden, in einem Sieb abtropfen lassen und dann fein hacken.

2 Die Pilze gründlich säubern und in dünne Scheiben schneiden.

3 Den Ofen auf 180° C vorheizen. Die Fleischwürfel auf ein großes Stück Alufolie legen, salzen, pfeffern und mit den

Pilzen, der Zwiebel und den Tomaten bedecken. Die ganze Knoblauchzehe, Petersilie und einige ganze Lorbeer- und Salbeiblätter zugeben, salzen und pfeffern.

4 Die Folie verschließen und 50 Min. im Ofen garen. Mit dem getoasteten Weißbrot servieren.

m **Statt der Alufolie Papier verwenden. Das Gericht auf einem tiefen Teller bei Hochtemperatur 11-13 Min. garen. Vor dem Servieren 5 Min. ruhen lassen.**

Zweimal Putenbrust

FILETTI DI TACCHINO

Zwei Zubereitungsarten, bei denen das Fleisch der Putenbrust am besten zur Geltung kommt.

Gegrillte Putenspieße

Vorbereitungszeit: 30 Min.
Garzeit: 30 Min.
Für 4 Personen

ZUTATEN

- **400 g Putenbrust**
- **8 Champignons**
- **8 kleine Tomaten in Scheiben**
- **8 Schalotten**
- **2 rote Paprika in Stücken**
- **4 EL Olivenöl**
- **1 zerdrückte Knoblauchzehe**
- **Salz**

Für die Sauce

- **6 EL Mayonnaise**
- **1 TL Worcestersauce**
- **1 TL Sardellenpaste**
- **1 TL gehackte Petersilie**
- **1 zerdrückte Knoblauchzehe**
- **Saft von 1/2 Zitrone**

1 Das Fleisch würfeln, die Pilze putzen. Die Knoblauchzehe mit etwas Öl und Salz verrühren.

2 Auf 4 Spieße jeweils 3-4 Fleischwürfel, 2 Pilze, Tomatenscheiben, 2 Schalotten und einige Paprikastücke stecken. Die Spieße mit Öl einpinseln und ca. 30 Min. grillen. Den Spieß häufig drehen und mit Öl einpinseln.

3 Für die Sauce die Mayonnaise mit Knoblauch, Worcestersauce, Sardellenpaste, Petersilie und Zitronensaft gründlich verrühren. Die Sauce zu den Spießen servieren.

Pute Schäferinnenart

Vorbereitungszeit: 15 Min.
Garzeit: 45 Min.
Für 4 Personen

ZUTATEN

- **400 g Putenbrust**
- **150 g gewürfelte Zucchini**
- **100 g gewürfelte Karotten**
- **200 g Tomaten**
- **1 große Zwiebel in Scheiben**
- **1 gewürfelte Sellerieknolle**
- **1 Bund Basilikum (oder Salbei)**
- **Salz und Pfeffer**

1 Die Tomaten kurz in heißem Wasser abbrühen, die Haut abziehen und nur das Fruchtfleisch hacken.

2 Das Putenfleisch in kleine Würfel schneiden und mit dem Gemüse mischen. Den Ofen auf 180° C vorheizen.

3 Die Fleisch-Gemüse-Mischung auf ein großes Stück Alufolie geben. Mit Salz und Pfeffer würzen, Basilikum (oder Salbei) hinzufügen, und die Folie nicht zu eng verschließen. Im Ofen 45 Min. garen.

Putenbrust mit Spargel

PETTO DI TACCHINO AGLI ASPARAGI

Putenfleisch ist das ganze Jahr über frisch oder tiefgefroren erhältlich. Hier wird es gebraten und mit Spargelsauce und Broccoli serviert.

Vorbereitungszeit: 15 Min.
Garzeit: 30 Min.
Für 4 Personen

ZUTATEN

225 g grüner Spargel
50 g Butter
4 Scheiben Putenbrust ohne Haut
1 gehackte Zwiebel
50 g Champignons in Scheiben
300 ml Hühnerbrühe
1 TL Pesto (Knoblauch-Basilikum-Sauce)
Salz und Pfeffer
4 EL Sahne
Spargelspitzen zum Garnieren

2 Zwiebel zur Butter geben, 2-3 Min. weich schmoren. Pilze hinzufügen, 2 Min. braten. Mit Brühe ablöschen, Pesto, Spargel und Gewürze einrühren, Fleisch zugeben, zudecken und 20 Min. köcheln lassen.

1 Spargel halbieren. Butter in der Pfanne erhitzen und Putenbrust rundherum goldbraun anbraten. Herausnehmen und warm stellen.

3 Putenbrust herausnehmen und warm stellen. Pfanneninhalt fein pürieren. Wieder in der Pfanne erhitzen und Sahne einrühren. Zum Servieren über das Fleisch gießen und mit Spargelspitzen garnieren.

Darauf sollten Sie achten

Tiefgefrorenes Fleisch vor der Zubereitung ganz auftauen.

Zu diesem Gericht passen sehr gut Reis, frische Karotten oder Baby-Maiskolben.

TIP

Die Sauce kann auch unpüriert und mit Sahne verfeinert serviert werden.

Würziges Perlhuhn mit Pfirsichen

FARAONA ALLE PESCHE

Süße, saftige Pfirsiche als Beilage
zu einem würzigen Perlhuhnbraten ergeben
eine köstliche Mahlzeit.

Vorbereitungszeit: 20 Min.
Garzeit: 45 Min.
Für 4 Personen

ZUTATEN

geriebene Schale von je 2 Zitronen und Orangen

Saft von 1/2 Zitrone

1 kleine, geschälte, gehackte Zwiebel

1 zerdrückte Knoblauchzehe

100 g weiche Butter

1 EL Currypulver

4 EL Orangensaftkonzentrat

Salz und Pfeffer

4 Perlhühner

25 g Butter

2 große Pfirsiche, halbiert und entsteint

Brunnenkresse zum Garnieren

1 Den Ofen auf 230° C vorheizen. Geriebene Zitronen-, Orangenschale und Zitronensaft mit Zwiebel, Knoblauch, Butter, Currypulver und Orangensaftkonzentrat verrühren und kalt stellen.

2 Die Perlhühner innen und außen abreiben. Die Brusthaut mit den Fingern etwas lösen, 2 EL Orangenbutter unter die Haut streichen. 2 EL Butter für die Pfirsiche aufbewahren. Keulen zusammenbinden, die Perlhühner auf einen Gitterrost legen.

3 Die Hitze auf 200° C reduzieren. Die Perlhühner 45 Min. gar braten, öfter mit Fett bestreichen.

4 Die Pfirsichhälften mit Orangenbutter füllen und 15 Min. mitgaren.

5 Das Küchengarn entfernen, die Hühner mit Orangenbutter beträufeln. Mit Pfirsichen und Brunnenkresse servieren.

Als Beilage gedünstete Zucchini oder Gemüse der Saison servieren.

Perlhuhn mit Reisfüllung

FARAONA CON RIPIENO DI RISO

Ein Festessen für 4 Personen — zarte, junge Perlhühner, mit Reis und roter Paprikaschote gefüllt und mit Käse überbacken.

Vorbereitungszeit: 15 Min.
Garzeit: 1 Std.
Für 4 Personen

ZUTATEN

4 bratfertige Perlhühner
Salz und Pfeffer
100 g Gruyère
100 g gekochter Reis
2 EL Erbsen
½ rote Paprikaschote, geputzt und in Würfel geschnitten
2 EL Öl
Brunnenkresse und Weintrauben zum Garnieren

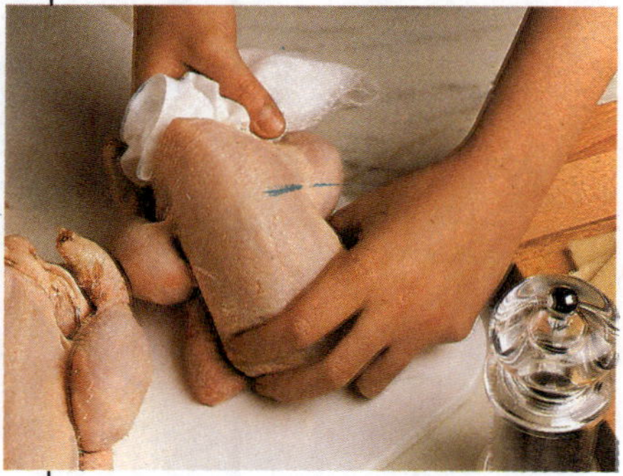

1 Die Perlhühner salzen und pfeffern. 50 g Käse raspeln, 50 g in Scheiben schneiden.

2 Ofen auf 190° C (Gas Stufe 5) vorheizen. Käse raspeln, Reis, Erbsen, Paprika mischen, in die Perlhühner füllen.

3 Die Perlhühner mit Öl einpinseln und 1 Std. braten. 5 Min. vor Garzeitende die Käsescheiben über die Perlhühner legen. Mit Brunnenkresse und Weintrauben garnieren.

TIP

Gruyère zerläuft sehr gut. Man kann statt dessen jedoch auch Fontina verwenden.

Gedünsteten Broccoli und Kartoffelpüree dazu servieren. Für die Sauce 2 TL Mehl in den Bratensaft streuen und bei mittlerer Hitze unter ständigem Rühren goldbraun werden lassen. Mit 200 ml Hühnerbrühe ablöschen und aufkochen. 1-2 Min. köcheln, etwas Butter einrühren und abschmecken.

Gebratener Fasan

FAGIANO ARROSTO

FESTLICHES

Diese Fasane, ob frisch vom Fleischer oder aus dem Tiefkühlfach, werden mit Speckscheiben belegt und mit einer interessanten Granatapfelsauce serviert.

Vorbereitungszeit: 10 Min.
Garzeit: 1 Std. 5 Min.
Für 4 Personen

ZUTATEN

2 junge Fasane
Salz und Pfeffer
50 g Butter
6 Scheiben durchwachsener Speck
2 Granatäpfel
50 ml trockener Sherry
225 ml Hühnerbrühe
2 TL Maismehl
1/2 TL roter Weinessig

1 Den Ofen auf 220° C (Gas Stufe 7) vorheizen. Die Fasane mit Salz und Pfeffer einreiben. Die Butter in der Backform im Ofen schmelzen, die Fasane darin wenden, mit je 3 Streifen Speck bedecken und 15 Min. garen. Die Hitze auf 180° C (Gas Stufe 4) reduzieren, 40 Min. weitergaren. Zugedeckt warm halten.

TIP

Als Füllung: in Butter gegarte Leber mit Cognac beträufeln und mit einer Handvoll Semmelbrösel vermengen.

2 Den Saft eines Granatapfels mit einer Zitronenpresse ausdrücken, oder das Fruchtfleisch durch ein Sieb passieren.

3 Für die Sauce: die Backform mit dem Bratensatz auf den Herd stellen, aufkochen, Sherry, Hühnerbrühe, Granatapfelsaft, Maismehl, mit wenig Wasser verrührt, und Weinessig dazugeben, würzen.

4 Die Hälfte der Kerne des zweiten Granatapfels zur Sauce geben und die restlichen Kerne zum Garnieren verwenden.

Darauf sollten Sie achten

Vorsicht beim Tranchieren! Es könnten noch einige Schrotkugeln im Vogel sein.

Mit gerösteten Kartoffeln, Zucchini und grünen Bohnen servieren. Mit Brunnenkresse dekorieren.

Kaninchen mit Artischocken

CONIGLIO AI CARCIOFI

Außerhalb der Saison Artischockenherzen aus der Dose verwenden. Artischocken und Fleisch auf einem Teller anrichten.

Vorbereitungszeit: 30 Min.
+ Zeit zum Marinieren
Garzeit: 1½ Std.
Für 4 Personen

ZUTATEN

1 Kaninchen (ca. 1500 g), zerteilt
70 g Butter
2 EL gehackte Petersilie
Saft von 1 Zitrone
4 EL Essig
2 EL Brühe
Salz und Pfeffer
Für die Artischocken
4 kleine Artischocken
1 EL eingelegte Kapern
30 g Semmelbrösel
1 zerdrückte Knoblauchzehe
1 Bund Petersilie, gehackt
etwas Butter
Olivenöl
Salz und Pfeffer

1 Das Fleisch waschen, trokkentupfen und mit Zitronensaft beträufelt 1 Std. beiseite stellen.

2 Fleisch und Petersilie anbraten. Mit Essig ablöschen und die Flüssigkeit bei wenig Hitze verkochen lassen. Brühe angießen, salzen, pfeffern und ca. 1 Std. garen.

3 Inzwischen für die Artischocken Knoblauch, Petersilie, gehackte Kapern, Semmelbrösel, Salz, Pfeffer mit Öl verrühren. Den Backofen auf 190° C vorheizen.

4 Artischocken säubern, äußere Blätter, harte Spitzen entfernen, 10 Min. in Salzwasser abkochen. Die Füllung auf den Artischocken verteilen.

5 Die Artischocken in einer feuerfesten, mit Butter gefetteten Schale salzen, pfeffern, mit etwas Öl und Wasser beträufeln. Im Ofen ca. 30 Min. garen, dabei häufig mit dem dabei entstehenden Saft begießen.

Kaninchen mit schwarzen Oliven

CONIGLIO ALLE OLIVE

Als Beilage serviert man zu diesem Gericht eine dampfende Polenta. Die Sauce paßt auch zu Spaghetti oder Tagliatelle.

Vorbereitungszeit: 20 Min.
Garzeit: $1\frac{1}{2}$ Std.
Für 4 Personen

ZUTATEN

- **1 junges Kaninchen (ca. 1 kg)**
- **100 g schwarze Oliven**
- **2 Zwiebeln in Scheiben**
- **1 Karotte in Scheiben**
- **1 Stange Bleichsellerie in Stücken**
- **1 EL Mehl**
- **1 EL gehackter Rosmarin**
- **$\frac{1}{8}$ l trockener Weißwein**
- **2 EL Fleischbrühe**
- **4 EL Olivenöl**
- **Salz und Pfeffer**

1 Kaninchen in nicht zu große Stücke zerlegen, waschen und abtropfen lassen. Mit 1 Zwiebel, der Karotte, dem Sellerie und dem Wein in eine Schüssel legen und zugedeckt $\frac{1}{2}$ Std. stehen lassen.

2 Öl erhitzen, das Fleisch bei großer Hitze anbräunen. Mit Mehl bestäuben und die restlichen Zwiebelscheiben zugeben. Die Marinierflüssigkeit und nach 5 Min. die Brühe angießen. Mit Rosmarin, Salz und Pfeffer würzen.

3 Bei mittlerer Hitze zugedeckt etwa 1 Std. köcheln lassen, Fleischstücke ab und zu wenden. Oliven hineingeben und fertiggaren, evtl. etwas kochende Brühe angießen.

TIP

Zum Kaninchen paßt auch Kartoffel- oder Kürbispüree.

Zicklein à la Marken

CAPRETTO ALLA MARCHIGIANA

Zucchini mit herzhafter Füllung passen zu diesem Gericht.

Vorbereitungszeit: 15 Min.
Garzeit: 1¼ Std.
Für 4 Personen

ZUTATEN

- **1 kg Ziegenfleisch (Lende)**
- **200 g Bauchspeck in Scheiben**
- **50 g Butter**
- **150 g Semmelbrösel**
- **2 gehackte Knoblauchzehen**
- **1 Bund Petersilie, gehackt**
- **1 Zweig Salbei**
- **1 Zweig Rosmarin**
- **einige Lorbeerblätter**
- **⅛ l Brühe**
- **⅛ l trockener Weißwein**
- **2 EL Marsala**
- **einige EL Öl**
- **Salz und Pfeffer**

1 Fleisch in 12-15 möglichst gleichmäßig große Stücke schneiden.

2 Mit Speck umwickeln und nebeneinander in eine Form legen. Butterflöckchen daraufsetzen, mit Öl beträufeln, mit Salz und Pfeffer würzen. Den Ofen auf 160° C vorheizen.

3 Rosmarin, Salbei und Lorbeerblätter darauf verteilen und ca. 30 Min. im Ofen garen. Zwischendurch etwas Wein angießen.

4 Temperatur auf 180° C erhöhen und weitere 40 Min. garen, von Zeit zu Zeit etwas heiße Brühe angießen.

5 Zicklein aus dem Ofen nehmen, Semmelbrösel mit Knoblauch und Petersilie mischen, über das Fleisch streuen und kurz überbacken.

6 Fleisch auf einer Platte warm halten. Sauce mit Marsala einkochen, restliche Brühe angießen und erneut einkochen lassen. Durchseihen, wieder erhitzen und separat servieren.

Lamm mit Pinienkernen

AGNELLO AI PINOLI

Als Beilage serviert man am besten Risotto,
der die Schärfe des Gerichts
etwas abschwächt.

Vorbereitungszeit: 30 Min.
Garzeit: 1 Std.
Für 4 Personen

ZUTATEN

1 kg Lammfleisch
25 g Butter
100 g Pinienkerne oder Mandeln
1 gehackte Zwiebel
2 EL Curry
etwas Mehl
1/8 l trockener Weißwein
200 ml Sahne
Olivenöl und Brühe
Salz und Pfeffer
Für den Reis
400 g Reis
80 g Butter
1 gehackte kleine Zwiebel
etwa 800 ml Fleischbrühe

1 Fleisch kleinschneiden, mit Mehl bestäuben. Zwiebel in Butter und 3 EL Öl andünsten. Das Fleisch zugeben und anbräunen.

2 Den Wein angießen, mit Salz und Pfeffer würzen und den mit etwas Brühe angerührten Curry einrühren.

3 Fleisch eben mit kochender Brühe bedecken. Zugedeckt 1 Std. köcheln lassen, evtl. kochende Brühe nachgießen.

4 Nach 30 Min. das Fleisch aus der Sauce heben. Die Sauce durch ein Sieb passieren.

5 Sauce über das Fleisch gießen, Pinienkerne oder Mandeln sowie Sahne einrühren und 30 Min. köcheln lassen.

6 Für den Reis die Zwiebel in Butter dünsten, Reis und kochende Brühe einrühren. Den Ofen auf 175° C vorheizen.

7 Den Reis aufkochen und zugedeckt 17-18 Min. im Ofen garen.

8 Den Reis auf einem großen Teller anrichten und mit dem Lammfleisch und der Sauce in der Mitte servieren.

Milchlamm in Zitronensauce

AGNELLO AL LIMONE

Kartoffel-, Kürbispüree oder gekochter Sellerie passen am besten zu diesem Gericht.

Vorbereitungszeit: 30 Min.
Garzeit: 1 Std.
Für 4 Personen

ZUTATEN
1 kg Milchlamm, Keule oder Schulter
70 g gewürfelter Parmaschinken
25 g Butter (oder Schmalz)
2 verquirlte Eigelb
1 gehackte Zwiebel
Saft von 1/2 Zitrone
1 EL Knoblauch-Petersilie
1 EL geriebener Parmesan
1 TL Mehl
1/8 l trockener Weißwein
geriebene Muskatnuß
Salz und Pfeffer

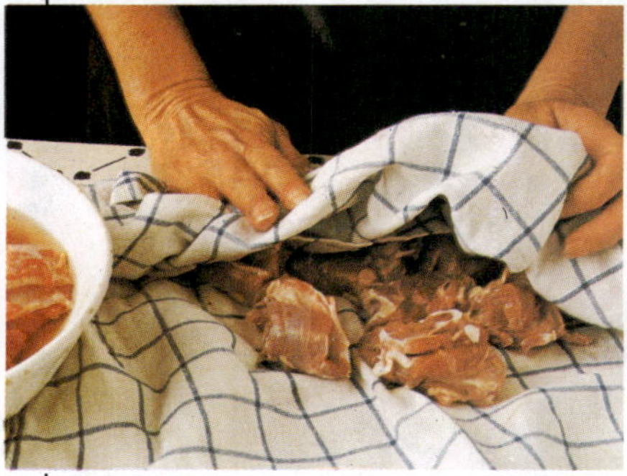

1 Fleisch in kleine Stücke schneiden, waschen und mit einem Küchentuch trocknen.

2 In einer Kasserolle, möglichst aus Steingut, Butter (oder Schmalz) zerlassen, Zwiebel und Schinken zugeben, weich dünsten.

3 Sobald die Mischung zu bräunen beginnt, Fleisch zugeben. Mit Salz, Pfeffer und Muskat würzen.

4 Wein angießen, einkochen lassen, Mehl zugeben, mit Wasser bedecken. Köcheln lassen, evtl. Wasser zugeben. Mit Knoblauch-Petersilie bestreuen.

5 Kasserolle vom Herd nehmen. Zitronensaft, Eigelb und Käse verquirlen und unterrühren.

6 Nochmals vorsichtig erhitzen, vom Herd nehmen, bevor die Eigelbsauce zu stocken beginnt. Fleisch kreisförmig anrichten, Gemüsepüree in die Mitte geben und mit heißer Sauce übergießen.

Lammbraten mit Tagliatelle

TAGLIATELLE CON L'AGNELLO

Dieses appetitlich zubereitete Gericht ergibt eine rustikale Hauptmahlzeit.

Vorbereitungszeit: 30 Min.
Garzeit: 1 Std.
Für 4 Personen

ZUTATEN

ca. 1 kg Lammrücken
400 g Nudeln (Tagliatelle)
einige Scheiben durchwachsener Speck
400 g geschälte Tomaten
50 g Butter
50 g geriebener Pecorino
3-4 zerdrückte Knoblauchzehen
einige Rosmarinzweige
1 EL gehackte Petersilie
1 Prise Oregano
1 Brühwürfel
1/8 l trockener Weißwein
1 gemahlener Peperone
Olivenöl
Salz

1 Das Fleisch mit Rosmarinzweigen und 2 in Streifen geschnittenen Knoblauchzehen spicken, zusammenbinden.

2 Salzen, mit Peperone bestreuen und in heißem Öl anbraten.

3 Das Fleisch mit Speckscheiben belegt bei wenig Hitze garen. Den Brühwürfel im Wein auflösen, mit Knoblauch über den Braten gießen.

4 Wenn der Wein verdampft ist, die Tomaten hinzufügen.

5 Salzen, mit Oregano und Petersilie bestreuen und weitere 40 Min. garen.

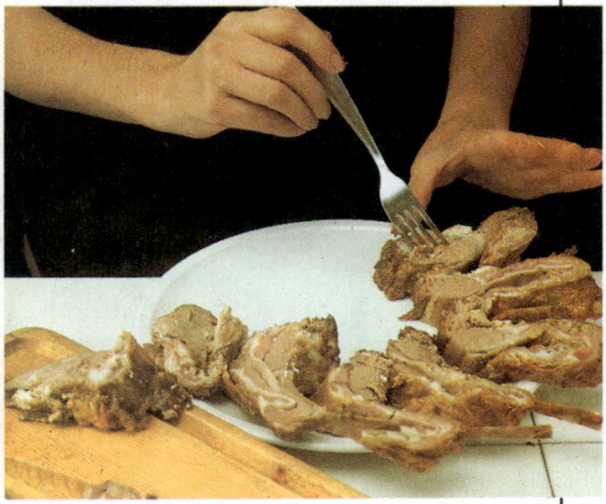

6 10 Min. vor Garzeitende die Tagliatelle in siedendem Salzwasser kochen. Das Fleisch in Scheiben schneiden.

7 Die Nudeln abgießen, mit zerlassener Butter und Pecorino mischen, mit dem Fleisch anrichten. Mit etwas Bratensauce begießen, die restliche Sauce getrennt servieren.

Geschmorter Lammbraten

STUFATO D'AGNELLO

Dieser Braten wird mit gefüllten Artischocken angerichtet.

Vorbereitungszeit: 30 Min.
Garzeit: ca. 2 Std.
Für 6 Personen

ZUTATEN

ca. 1,5 kg Lammkeule
100 g Butter
4 Artischocken
500 g grüner Spargel
2 Karotten
1 Sellerieknolle
1 EL gehackte Petersilie
1 EL gehackter Estragon
1 Zitrone
1/8 l trockener Weißwein
Olivenöl
Salz und Pfeffer

1 Den Ofen auf 200° C vorheizen. Das Fett von der Lammkeule abschneiden. Das Fleisch waschen, trockentupfen, salzen und pfeffern. Mit Küchengarn zusammenbinden, in einem Bräter mit Estragon bestreuen, 50 g Butter und 4 EL Öl zugeben.

2 Ca. 30 Min. im Ofen garen, Wein angießen und 1½ Std. weitergaren. Ab und zu mit Bratensaft begießen.

3 Die Artischocken putzen, zurechtschneiden und in Wasser und Zitronensaft 20 Min. kochen, gut abtropfen lassen.

4 Karotten, Sellerie und Spargel ca. 15 Min. in Salzwasser kochen, abgießen und würfeln. In Butter schwenken, salzen und pfeffern.

5 Die Artischocken mit dem gedünsteten Gemüse füllen.

6 Das Fleisch abtropfen lassen und aufschneiden. Die Artischocken mit Petersilie bestreuen. Die Sauce getrennt servieren.

Gefüllte Lammbrust
ROTOLO D'AGNELLO RIPIENO

Diese schmackhaft und raffiniert zubereitete Lammbrust wird mit einer Beilage aus in Butter geschwenktem Sellerie und Karotten serviert.

Vorbereitungszeit: 30 Min.
Garzeit: 2 Std.
Für 6 Personen

ZUTATEN

1 große Scheibe Lammbrust ohne Knochen, flach geklopft
100 g gehackte Salami
100 g gehackter Gouda
1 gehackte Zwiebel
je 2 Karotten und Bleichsellerie in Scheiben
1 gehackte Knoblauchzehe
1 EL gehackte Petersilie
2 Eier
2 EL geriebener Parmesan
Semmelbrösel
1 Gemüsebrühwürfel
2/3 l trockener Weißwein
1 Prise geriebene Muskatnuß
4 EL Olivenöl
Salz und Pfeffer

1 Salami und Gouda mit Parmesan, Petersilie, Salz, Pfeffer, Muskat und Eiern mischen, evtl. Semmelbrösel zugeben.

2 Füllung gleichmäßig auf dem Fleisch verteilen, einen Rand frei lassen.

3 Fleisch fest aufrollen, Ränder zunähen, und den Braten mit Küchengarn zusammenbinden.

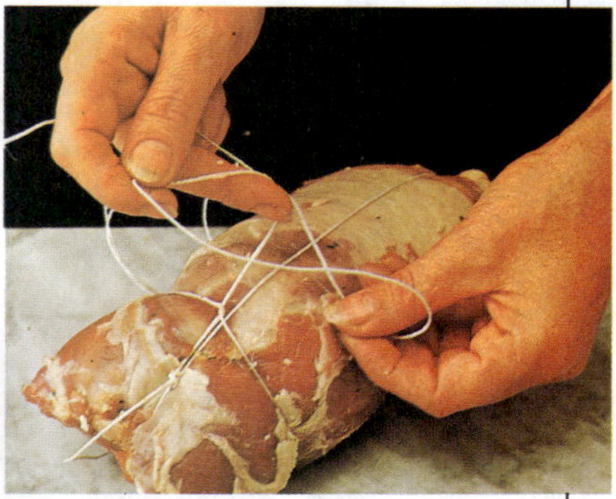

4 Zwiebel, Karotten, Sellerie und Knoblauch in Öl dünsten, Braten darin anbräunen, salzen und Weißwein angießen.

5 Wenn der Wein verdampft ist, Deckel auflegen und bei mittlerer Hitze 1½ Std. garen. Brühwürfel nach Beschreibung auflösen. Ab und zu Brühe zugeben.

6 Fäden entfernen, Lammbraten in Scheiben schneiden und mit Sellerie und Karotten servieren.

Panierte Lammkoteletts
COSTOLETTE D'AGNELLO IMPANATE

Zu diesen Koteletts als Beilage Bohnen in einer nach Salbei duftenden Tomatensauce servieren.

Vorbereitungszeit: 30 Min.
Garzeit: 1½ Std.
Für 4 Personen

ZUTATEN

12 Lammkoteletts
100 g Butter
Semmelbrösel
4 EL Olivenöl
Salz
Für die Bohnen
250 g weiße Bohnen aus der Dose
500 g Tomatenpüree
1 Zweig Salbei
2 Knoblauchzehen
1 kleingeschnittene Speckscheibe
Olivenöl
Salz und Pfeffer

1 Bohnen abspülen. Den Speck in Öl, Knoblauch und Salbei anbraten. Erst die Bohnen, dann das Tomatenpüree zugeben. Salzen, pfeffern und einkochen lassen.

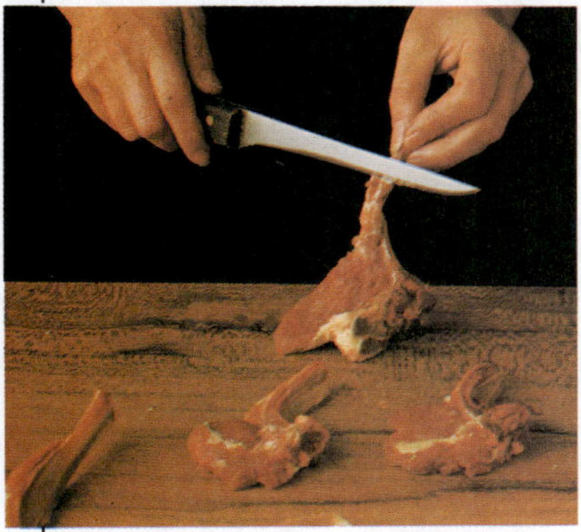

2 Mit einem scharfen Messer das Fleisch ein Stückchen vom Knochen lösen, so daß eine Art „Griff“ entsteht.

3 Das Fleisch am Knochen etwas flach klopfen, damit es schneller gart.

4 Die Koteletts mit etwas zerlassener Butter gleichmäßig bestreichen.

5 In den Semmelbröseln wenden, so daß sie von beiden Seiten vollständig mit Panade bedeckt sind.

6 In einer großen Pfanne die restliche Butter mit 4 EL Öl erhitzen. Die Koteletts von beiden Seiten 5 Min. darin braten.

7 Die goldbraun gebratenen Koteletts herausnehmen, abtropfen lassen. Evtl. die „Griffe“ mit Papier umwickeln. Die Bohnen getrennt servieren.

Lammsteaks vom Grill
BISTECCHE D'AGNELLO ALLA GRIGLIA

Saftige Lammsteaks, verfeinert mit Rotwein und Petersilie, sind eine interessante Variante zum üblichen gegrillten Rindfleisch.

Vorbereitungszeit: 10 Min.
+ Zeit zum Marinieren
Garzeit: 12-15 Min.
Für 8 Personen

ZUTATEN

8 Lammkeulensteaks
gehackte Petersilie zum Garnieren
Für die Marinade
1 Zitrone
150 ml Rotwein
50 ml Olivenöl
2 kleingehackte Knoblauchzehen
5 EL gehackte Petersilie
Salz und Pfeffer

1 Mit einem Gemüseschäler die Schale der Zitrone entfernen, in feine Streifen schneiden.

2 Zitrone halbieren, auspressen. Die Hälfte der Schale und die restlichen Marinade-Zutaten zufügen, vermischen.

3 Lammfleisch in die Marinade legen, darauf achten, daß jedes Steak gut bedeckt ist. Im Kühlschrank mindestens 2 Std. marinieren.

4 Überflüssige Marinade von den Steaks entfernen, 12-15 Min. grillen, ab und zu wenden und mit Marinade begießen. Mit gehackter Petersilie und den restlichen Zitronenstreifen bestreuen.

Darauf sollten Sie achten

Die Kohle sollte gut durchgeglüht sein, bevor man die Steaks auf den Grill legt, sonst wird das Fleisch leicht trocken und hart.

Gefüllte Paprika
PEPERONI RIPIENI

Dieses Gericht wird warm als Mittagsmahlzeit oder kalt als Vorspeise serviert.

Vorbereitungszeit: 1 Std.
Garzeit: ca. 30 Min.
Für 4 Personen

ZUTATEN

4 große Paprikaschoten
200 g Rinderhack
4 EL gekochter Reis
100 g Mortadella
2 EL gehackte Petersilie
2 gehackte Knoblauchzehen
500 ml Tomatenpüree
2 EL Semmelbrösel
1 Ei
50 g geriebener Parmesan
200 g Champignons
1 kleine, gehackte Zwiebel
Olivenöl
Salz

1 Paprika waschen, trockentupfen, je einen Deckel abschneiden und Samen und weiße Rippen entfernen. Petersilie und Knoblauch mischen.

2 Pilze sorgfältig putzen, Stielenden abschneiden. In Scheiben schneiden und mit der Hälfte der Petersilie in etwas Öl anbraten.

3 Fleisch, kleingeschnittene Mortadella, restliche Petersilie, Käse, Reis, Semmelbrösel und geschmorte Pilze gründlich mischen. Mit dem Ei, einer Prise Salz und etwas Öl zu einem glatten Teig verrühren.

4 Die vorbereitete Füllung bis zum Rand in die Paprikaschoten verteilen.

5 Zwiebeln in einer feuerfesten Form in etwas Öl weich dünsten, Tomatenpüree zugeben, salzen und 5 Min. unter Rühren einkochen.

6 Paprika aufrecht hineinsetzen, Deckel auflegen und bei mittlerer Hitze ca. 20 Min. garen.

7 Topf von Zeit zu Zeit vorsichtig rütteln, ohne daß die Paprika stürzen. Falls die Sauce zu stark einkocht, etwas Wasser oder Brühe angießen.

Doppelte Menge zubereiten und luftdicht in Alufolie eingewickelt tiefgefrieren. Ca. 1 Monat haltbar.

Gefüllte Auberginen
MELANZANE RIPIENE

Dieses Gemüse eignet sich wunderbar zum Füllen — und ist das ganze Jahr über erhältlich. Die Aubergine hier ist mit geräuchertem Schinken und Käsesauce gefüllt.

Vorbereitungszeit: 20 Min.
Garzeit: 45 Min.
Für 2 Personen

ZUTATEN

- **2 mittelgroße Auberginen**
- **100 g geräucherter Schinken**
- **75 ml Olivenöl**
- **40 g Butter**
- **1 mittelgroßer Zucchino in Scheiben**
- **25 g Mehl**
- **300 ml Milch**
- **50 g geriebener Pecorino**
- **2 TL Meerrettichsauce**
- **Salz und Pfeffer**
- **4 TL Semmelbrösel**
- **1 EL gehackte Petersilie**
- **2 EL geriebener Parmesan**

1 Die Auberginen der Länge nach aufschneiden. Das Fleisch, ohne die Haut zu verletzen, vorsichtig herauslöffeln. Fleisch und Schinken in etwa 12 mm große Würfel schneiden. Die Auberginenschalen in 3 EL Öl anbraten, bis sie weich werden. Auf Küchenpapier abtropfen lassen.

2 Im restlichen Öl das Auberginenfleisch 5 Min. anbraten, bis es fast weich ist. Herausnehmen und auf Küchenpapier abtropfen lassen.

3 Den Schinken in 15 g Butter 3 - 5 Min. anbraten. Den Zucchino zugeben und 1 Min. mitbraten. Beides herausnehmen, und die restliche Butter in der Pfanne zergehen lassen. Mehl einrühren, mit Milch ablöschen und unter Rühren zu einer glatten Sauce einkochen lassen. 3/4 des Pecorino und Meerrettichsauce zugeben, würzen.

4 Den Ofen auf 200 °C (Gas Stufe 6) vorheizen. Auberginenfleisch, Schinken und Zucchino vermischt in die Auberginen füllen. Etwas Sauce darübergießen, Semmelbrösel mit Pecorino und Petersilie vermischt darübergeben. Mit Parmesan bestreut 20-25 Min. überbacken.

Zu den gefüllten Auberginen gebratene Kartoffeln und Tomatensalat reichen.

Italienischer Rot- oder Roséwein paßt gut zu diesem Gericht.

Erbsen-Schinken-Ring
CORONA DI PROSCIUTTO E PISELLI

Zu diesem Gemüsering schmeckt
eine deftige Fleischsauce.

Vorbereitungszeit: 45 Min.
Garzeit: ca. 1 Std.
Für 4-6 Personen

ZUTATEN

600 g frische Erbsen
25 g Mehl
80 g Butter
50 g gewürfelter gekochter Schinken
150 g geräucherter Speck
1 EL Semmelbrösel
200 ml Milch
4 Eier
1 feingehackte kleine Zwiebel
Salz und Pfeffer

1 Die Erbsen in Salzwasser „al dente" kochen, abgießen. Die Zwiebel in 30 g Butter glasig dünsten.

2 Erbsen 5 Min. unter ständigem Rühren mit der Zwiebel dünsten.

3 Das Mehl in 30 g Butter bräunen, salzen, pfeffern und mit Milch ablöschen.

4 Die Sauce unter Rühren einkochen lassen und über die Erbsen-Schinken-Mischung gießen.

5 Die Eier nacheinander einrühren. Den Ofen auf 180° C vorheizen.

6 Eine Ringform gut einfetten, mit Semmelbröseln ausstreuen, die überschüssigen Brösel ausschütten. Die Mischung in die Form füllen, glattstreichen und ca. 1 Std. backen.

7 In der Zwischenzeit den Speck in Würfel schneiden und in wenig Butter auslassen. Den Ring stürzen, die Speckwürfelchen rundherum verteilen, und heiß servieren.

Überbackene Zucchini

ZUCCHINI AL FORMAGGIO

Gelbe Zucchini, obwohl nicht sehr bekannt, werden bei diesem Gericht wegen ihrer Farbe benutzt – sie schmecken genau wie grüne.

Vorbereitungszeit 10 Min.
Garzeit: 10 Min.
Für 4-6 Personen

ZUTATEN

4 grüne Zucchini
4 gelbe Zucchini
100 g Mozzarella
8 kleine Tomaten in Scheiben
8 EL Olivenöl
2 zerdrückte Knoblauchzehen
2 TL getrockneter Oregano
Salz und Pfeffer

1 Den Grill vorheizen. Zucchini 4 Min. dünsten, dann diagonal aufschneiden und in einer 25 x 18 cm großen Auflaufform nach Farbe auslegen.

2 Den Mozzarella und die Tomaten in gleich große Stükke schneiden und zwischen den Zucchinischeiben verteilen.

3 Öl, Knoblauch, Oregano, Salz und Pfeffer gut vermischen, über die Zucchini gießen und 2-3 Min. grillen, bis der Käse geschmolzen ist.

TIP

Mozzarella ist der klassische italienische Schmelzkäse. Statt dessen kann aber auch geriebener Parmesan verwendet werden.

Als Gemüsebeilage zu Fleisch, Geflügel und Fisch, oder als Zwischenmahlzeit mit Vollkornbrot servieren.

Zucchini in Scheiben schneiden, in eine Mikrowellenform legen, mit Plastikfolie bedecken und auf Hochtemperatur (100 %) für 6 Min. garen. Tomaten und Käse dazugeben, Öl, Knoblauch, Oregano und Gewürze darübergießen, den Käse unter dem Grill schmelzen, dann servieren.

Bunte Gemüseplatten
VERDURE COLORATE

Diese zwei Gemüsegerichte
werden mit typisch mediterranen Gemüsen
und Kräutern zubereitet.

Gemüseallerlei

Vorbereitungszeit: 20 Min.
Garzeit: ca. 40 Min.
Für 4 Personen

ZUTATEN
2 Karotten
2 Zucchini
200 g frische Erbsen
150 g Bohnen
1 Dose Maiskolben
20 g Butter
1 verquirltes Eigelb
Sahne
Salz und Pfeffer

1 Die Karotten in Würfel schneiden, Zucchini in Scheiben oder Würfel schneiden, Bohnen putzen und in Stücke schneiden.

2 Die Karotten in Butter zugedeckt bei wenig Hitze ca. 15 Min. dünsten. Den Mais abtropfen lassen.

3 Das restliche Gemüse und etwas Wasser dazugeben, den Topf wieder zudecken und weitere 20 Min. garen.

4 Mit Salz und Pfeffer würzen, die Sahne angießen und kurz ohne Deckel ziehen lassen. Das Gemüse vom Herd nehmen, das Eigelb unterrühren und servieren.

Paprikapfanne mit Sardellen

Vorbereitungszeit: 15 Min.
Garzeit: ca. 50 Min.
Für 4 Personen

ZUTATEN
je 2 gelbe und rote Paprikaschoten
1 gehackte Zwiebel
1 EL gehacktes Basilikum
4 kleingeschnittene Sardellenfilets
1 EL Kapern
1 EL Tomatenmark
4 EL Olivenöl
Salz und Pfeffer

1 Die Paprika ohne Kerne in Streifen schneiden.

2 Die Zwiebel im Öl anbraten. Paprika darin andünsten. Tomatenmark in 100 ml Wasser verrührt mit Salz und Pfeffer zugeben.

3 45 Min. zugedeckt köcheln, dann Kapern und Sardellen zugeben. Weitere 5 Min. köcheln. Mit gehacktem Basilikum bestreut heiß oder warm servieren.

Knollensellerie mit Käsesauce

SEDANO RAPA AL FORMAGGIO

Die Sellerieknollen können durch Kartoffeln ersetzt werden. Diese sollten jedoch nicht gekocht, sondern im Ofen gebacken werden.

Vorbereitungszeit: 20 Min.
Garzeit: ca. 1 Std. 45 Min.
Für 4 Personen

ZUTATEN

4 kleine Knollen Sellerie
2 Kochwürste
50 g gehackte Mortadella
70 g Butter
50 g gewürfelter Fontina
20 g Mehl
Saft von 2 Zitronen
200 ml Milch
2 EL flüssige Sahne
geriebene Muskatnuß
Salz und Pfeffer

1 Sellerieknollen schälen, waschen und sofort in mit dem Saft 1 Zitrone gesäuertes Wasser legen, um zu vermeiden, daß sie sich verfärben. Danach Sellerie mit Salzwasser bedecken, das mit dem Saft der 2. Zitrone gesäuert wurde. Ca. 1½ Std. garen. Abgießen und gut abtropfen lassen.

2 1 Kochwurst in Stücke schneiden und mit Mortadella in etwas Butter anbräunen, nach ca. 5 Min. vom Herd nehmen.

3 30 g Butter zerlassen, Mehl einrühren. Die Milch aufkochen, angießen, unter ständigem Rühren aufkochen und eindicken lassen.

4 Sauce salzen, Käse und Sahne zugeben. Wenn der Käse vollständig aufgelöst ist, vom Herd nehmen.

5 Sauce mit Pfeffer und Muskatnuß würzen, im Wasserbad warm halten.

6 Backofen auf 220° C vorheizen. Sellerie der Länge nach halbieren, mit einem Löffel etwas aushöhlen.

7 Wurstmischung in die Selleriehälften verteilen und mit Käsesauce bedecken.

8 Eine ofenfeste Form mit Butter einfetten, gefüllten Sellerie hineinsetzen. Die restliche Kochwurst in Scheiben schneiden und auf die Selleriehälften geben. Butterflöckchen daraufsetzen und ca. 15 Min. im Ofen überbacken. Heiß servieren.

Kartoffel-Kroketten

CROCCHETTE DI PATATE

Diese Kartoffel-Kroketten gelingen besonders gut, wenn sie in einer Friteuse zubereitet werden.

Vorbereitungszeit: ca. 1 Std.
Garzeit: ca. 40 Min.
Für 4 Personen

ZUTATEN

1 kg mehlig kochende Kartoffeln
150 g Mozzarella
50 g durchwachsener Speck
50 g Butter
50 g geriebener Parmesan
etwas Mehl
2 Eier und zusätzlich 2 Eigelb
Paniermehl
Öl
1 große Prise geriebene Muskatnuß
Salz

1 Kartoffeln waschen, kochen, pellen und heiß durch eine Kartoffelpresse in eine Terrine geben.

2 Butterflöckchen unter das Püree rühren, mit Salz und Muskatnuß würzen. Bei wenig Hitze aufkochen.

3 Käse und Eigelb zum Püree geben, gut rühren, um die Eigelb in die Masse einzuarbeiten. Den Schinken und Mozzarella würfeln.

4 Mit bemehlten Händen aus dem Kartoffelpüree birnenförmige Kroketten formen.

5 In der Mitte eindrücken und jede mit Schinken und Mozzarella-Würfeln füllen. Die Aushöhlung wieder schließen, so daß die Füllung gut eingeschlossen ist. Die Kroketten erst im Mehl, dann in den geschlagenen und gesalzenen Eiern und zuletzt im Paniermehl wenden.

6 Öl in einer Friteuse erhitzen, die Kroketten darin bräunen. Auf Küchenpapier abtropfen lassen.

Fisch und Meeresfrüchte

PESCE E FRUTTI DI MARE

Fischsuppe mit Lorbeer

ZUPPA DI PESCE ALL'ALLORO

Zu dieser delikaten Suppe schmeckt selbstgebackenes Brot, mit Knoblauch eingerieben und geröstet oder gebraten.

Vorbereitungszeit: 30 Min.
Garzeit: ca. 50 Min.
Für 4 Personen

ZUTATEN

1,5 kg gemischte Meeresfrüchte (z.B. Seebarsch, Muscheln, Meerbarbe, Scholle, Tintenfische, Dorsch, Scampi)
500 g fertige Tomatenwürfel
1 kleingehackte Zwiebel
3 Knoblauchzehen
1 Bund Petersilie, gehackt
1 Stückchen roter Peperone
3 Lorbeerblätter
4 Scheiben Brot
2 EL Essig
Olivenöl
Salz und Pfeffer

1 Alle Meeresfrüchte säubern, die größeren in Stücke schneiden. Die Muscheln vorbereiten.

2 Zwiebel, 2 ganze Knoblauchzehen, Lorbeerblätter und Peperone in 5 EL Öl 10 Min. anbraten.

3 Tomaten und Petersilie zugeben, salzen, pfeffern und 20 Min. köcheln. Ab und zu umrühren. Dann durch ein Sieb passieren.

4 Wieder aufsetzen, Tintenfische zugeben und 20 Min. kochen lassen. Dann die Fische zugeben, ganz zum Schluß die Muscheln und die Scampi.

5 Ca. 20 Min. bei geschlossenem Deckel ohne umzurühren köcheln lassen. Essig angießen, und das Gericht ohne Deckel in wenigen Min. fertiggaren. In einer Terrine servieren. In Öl gebratene Brotscheiben mit dem Knoblauch einreiben und dazu reichen.

Fischsuppe
ZUPPA DI PESCE

Dieses für die Küche der Toskana typische Gericht serviert man in Steingutschalen zusammen mit Knoblauchbrot.

Vorbereitungszeit: ca. 1 Std.
Garzeit: 1 Std.
Für 4 Personen

ZUTATEN

2 kg gemischter Fisch (Auswahl von Petersfisch, Seeaal, Knurrhahn, Seehecht, Seebarbe, Tintenfisch, Krustentieren)

1 gehackte große Zwiebel

2 Knoblauchzehen

¼ roter Peperone

2 EL gehackte Petersilie

4-5 Tomaten aus der Dose

1 Lorbeerblatt

300 ml trockener Weißwein

einige Scheiben Brot

100 ml Olivenöl

Salz und Pfefferkörner

1 Große Fische putzen und ausnehmen, Kopf, Flossen und Gräten belassen, in Scheiben schneiden und waschen. Kleinere Fische putzen und ganz lassen. Krustentiere in ihrer Schale lassen und waschen.

2 Muscheln unter fließendem kaltem Wasser gründlich säubern, offene aussortieren. Muscheln in einer Pfanne erhitzen, bis sie sich öffnen. Die Garflüssigkeit filtern und aufbewahren. Geschlossene Muscheln aussortieren, den Rest mit etwas Weißwein begießen und bei starker Hitze einkochen lassen.

TIP

Selbstverständlich können die genannten Fische für diese Suppe durch andere ersetzt werden.

3 Zwiebel und 1 zerdrückte Knoblauchzehe in 4 EL Öl weich dünsten, Petersilie, Peperone, Lorbeer und Tomaten zugeben. Garflüssigkeit der Muscheln zugießen, evtl. mit Wasser auffüllen.

4 Zuerst die größten Fische, und, je nach Festigkeit des Fleisches, nacheinander Tintenfisch, Fischscheiben, kleine Fische und Krustentiere zugeben, mit Salz und Pfeffer würzen, und kurz vor Ende der Garzeit die Muscheln in der Schale hinzufügen. Von Zeit zu Zeit die Pfanne rütteln, nicht umrühren oder die Fische wenden.

5 Brotscheiben rösten und mit Knoblauch einreiben. Einzelne Schalen damit auslegen, Fische und Suppe darauf verteilen.

Langustensuppe

ZUPPA D'ARAGOSTA

Diese Delikatesse wird mit Toastbrot als Beilage serviert.

Vorbereitungszeit: 1 Std.
Garzeit: ca. 2 Std.
Für 4 Personen

ZUTATEN

2 kleine Langusten à ca. 500 g
1 Karotte in Stücken
1 Stange Sellerie in Stücken
1/2 Zwiebel
1/2 Zitrone in Scheiben
kaltgepreßtes Olivenöl
1 Knoblauchzehe
300 g Tomatenpüree
8 Scheiben Toastbrot
Salz und Pfeffer

1 200 ml Wasser mit Karotte, Sellerie, Zwiebel, 2 Zitronenscheiben, Salz und Pfeffer aufkochen.

2 Die Langusten vom Fischhändler töten lassen, oder mit einem breiten, scharfen Messer zwischen Kopf- und Rückenpanzer stechen. Die Langusten 20 Min. im Sud kochen. Abgießen, die Schale aufschneiden, das Fleisch herauslösen und 2/3 davon fein zerreiben.

3 Die Schalen in den Sud geben und ca. 1 Std. kochen. Den Sud etwas einkochen lassen.

4 Den Knoblauch in 2 EL Öl anbraten, aus dem Öl nehmen und das Tomatenpüree zugeben. 1/2 l Brühe angießen, einkochen lassen.

5 Zur Brühe das zerriebene Langustenfleisch geben und 5 Min. kochen lassen.

6 Die Suppe in eine Terrine füllen. Das restliche Langustenfleisch kleinschneiden, dazugeben und mit dem getoasteten Brot servieren.

Zur Langustensuppe schmeckt ein trockener Weißwein oder ein trockener Rosé, beide sollten gut gekühlt sein.

Muschel-Gemüse-Suppe

MINESTRA DI VONGOLE E VERDURE

Saftige Venusmuscheln werden hier mit frischem Gemüse, Kräutern und viel Crème double zubereitet. Gut geeignet als warme Vorspeise.

Vorbereitungszeit: 10 Min.
Garzeit: ca. 1¼ Std.
Für 6 Personen

ZUTATEN

- **1 kg geschlossene Venusmuscheln, gut gewaschen**
- **25 g Butter**
- **2 Knoblauchzehen in Scheiben**
- **1 große, halbierte Zwiebel, in Scheiben geschnitten**
- **2 EL feingehacktes Basilikum**
- **1 EL feingehackter Thymian**
- **1 Prise Cayennepfeffer**
- **2 geschälte, feingewürfelte Karotten**
- **1 geschälte, feingewürfelte Pastinake**
- **1 feingehackte Lauchstange**
- **6 EL Crème double**
- **Salz und Pfeffer**

1 Venusmuscheln mit Wasser bedeckt kochen, bis sie sich öffnen (geschlossene aussortieren). Vom Herd nehmen, abgießen, Flüssigkeit zurückbehalten. Knoblauch und Zwiebel in Butter glasig dünsten. Muscheln aus der Schale lösen, das Fleisch hacken. Mit Zwiebeln und Knoblauch 5 Min. anbraten. Basilikum, Thymian, Cayennepfeffer zugeben.

2 Etwa ein Drittel des Muschelsuds zugeben. Aufkochen und 2 Min. bei schwacher Hitze köcheln lassen.

3 Gemüse und restliche Flüssigkeit zugeben, aufkochen und 30 Min. köcheln lassen, bis das Gemüse gar ist.

4 Vom Herd nehmen, Crème double einrühren und abschmecken. Sofort servieren.

Fischtopf

PENTOLA DI PESCE IN UMIDO

INTERNATIONAL

Fisch, durchwachsener Speck und Paprika machen diesen Eintopf zum Leckerbissen. Hier wurde er mit Kabeljau zubereitet. Mit Makrele, Barsch oder Heilbutt schmeckt er genauso gut.

Vorbereitungszeit: 10 Min.
Garzeit: 35-40 Min.
Für 6 Personen

ZUTATEN

2 EL Olivenöl
je 2 in feine Scheiben geschnittene Zwiebeln und Knoblauchzehen
175 g durchwachsener Speck
je 1 rote und gelbe Paprikaschote, entkernt, in dünnen Scheiben
125 ml Rotwein
450 g Tomaten aus der Dose
450 g neue Kartoffeln, halbiert
1 TL Thymian
2 Lorbeerblätter
Salz und Pfeffer
450 g Fischfilet
225 g Tintenfisch-Ringe
3 EL feingehackte Petersilie

1 Öl in einer feuerfesten Auflaufform erhitzen. Zwiebeln und Knoblauch zugeben, bei schwacher Hitze 5 Min. braten. Durchwachsenen Speck und Paprikaschoten zugeben, 5 Min. garen.

2 Wein, Tomaten, Kartoffeln, Thymian und Lorbeerblätter zugeben. Würzen, aufkochen und 15 Min. köcheln lassen.

3 Fisch und Tintenfisch zugeben, 10-15 Min. köcheln lassen, bis der Fisch gar ist. Vor dem Servieren nochmals abschmecken. Mit frischer Petersilie bestreuen.

TIP

Gefrorener Fisch ist ebenfalls geeignet. Nur antauen lassen, in Stücke schneiden und so in den Eintopf geben.

Dazu Tomatensalat und mit Orangenschale abgeschmeckten Reis servieren.

Pikante Fisch-Kasserolle mit Tomaten

PESCE PICCANTE IN UMIDO

Dieses köstliche Tomaten-Fisch-Gericht ist schnell und einfach zubereitet. Das Aroma erinnert an Sommer und Sonnenschein.

Zubereitungszeit: 5 Min.
Garzeit: 15 Min.
Für 4 Personen

ZUTATEN

1 große Zwiebel in Scheiben
1 EL Olivenöl
400 g gehackte Tomaten aus der Dose
2 EL gehackte Petersilie
1/2 TL Cayennepfeffer
Salz und Pfeffer
2 Zucchini
4 Seebarben-Steaks

1 Die Zwiebel im Öl weich, aber nicht braun dünsten.

2 Tomaten, Petersilie und Gewürze zugeben. Umrühren, aufkochen, 2-3 Min. garen.

3 Zucchini und Fisch zugeben, aufkochen und zugedeckt 10 Min. köcheln lassen, bis der Fisch gar ist. Auf Teller oder in eine Schüssel geben und servieren.

TIP

Statt der Seebarben-Steaks kann man Steaks vom Dorsch, Schellfisch oder Heilbutt verwenden.

Die Fisch-Kasserolle mit gekochtem weißem oder Naturreis servieren. Wegen der Sauce bietet sich als Beilage auch Baguette oder frisches Weißbrot mit Butter zum Stippen an. Eine Gemüsebeilage ist nicht nötig.

Mediterrane Fischplatte
FRITTURA DI PESCE

Der köstliche Duft weckt die Erinnerung
an Sonnentage am Meer.

Vorbereitungszeit: 20 Min.
Garzeit: 15-20 Min.
Für 4-6 Personen

ZUTATEN

1 kg Mittelmeerfische (Seebarben, Sardinen, kleine Meerbrassen)
Salz
125 ml Milch
100 g Mehl, gewürzt mit Salz und weißem Pfeffer
225 g geklärte Butter oder Butterschmalz
Zum Garnieren
Petersilie, Zitronenachtel und Lorbeerblätter

1 Fische säubern und ausnehmen. Unter fließendem kaltem Wasser mit grobem Salz abreiben und waschen. Mit Küchenkrepp trockentupfen. Milch und Mehl getrennt in je einen tiefen Teller geben.

2 Jeden Fisch einzeln zweimal erst in Milch, dann in Mehl wenden.

TIP

Nur gleich große Fische gleichzeitig braten.

3 Panierte Fische in geklärter Butter goldbraun braten, dabei einmal umdrehen. Fertige Fische im Ofen warm halten, bis alle gebraten sind. Garnieren und sofort servieren.

Bei einer original mediterranen Mahlzeit zur Fischplatte einen großen gemischten Salat in Zitronen-Öl-Sauce, reichlich Weißbrot und schwarze Oliven servieren. Oliven für einige Stunden in zerdrücktem Knoblauch und Oregano marinieren.

Rotbarben mit Orangensauce

TRIGLIE ALL'ARANCIA

Rotbarben mit fruchtiger Sauce schmecken ausgezeichnet. Diesen Fisch zwischen Mai und September zubereiten, dann ist er am preiswertesten.

Vorbereitungszeit: 10 Min.
Garzeit: 15 Min.
Für 4 Personen

ZUTATEN

4 Rotbarben à 225 g

Salz und schwarzer Pfeffer

Saft von 2 Orangen

1 EL Olivenöl

50 g Butter

1 TL Zucker

1 EL gehackter Koriander

Korianderzweige und Orangenscheiben zum Dekorieren

1 Barben ausnehmen und säubern. Salzen, pfeffern und mit etwas Orangensaft beträufeln.

2 Öl und Butter erhitzen und die Fische darin von beiden Seite braun anbraten. Die Hitze reduzieren und weitere 5 Min. von jeder Seite braten.

3 Die Fische warm halten. Den restlichen Orangensaft in der Pfanne aufkochen und bei geringer Hitze einkochen lassen.

Einen trockenen Soave oder Orvieto zu diesem Essen reichen.

4 Zuckern, abschmecken. Den gehackten Koriander dazugeben, und die Sauce über den Fisch gießen, mit Koriander und Orangen dekorieren.

TIP

Die Fische können auch einzeln gebraten und im Ofen bei 190°C (Gas Stufe 5) für 10 Min. weitergebacken werden.

Als Beilage eignen sich Bratkartoffeln oder neue Kartoffeln, in Butter geschwenkt und bißfeste grüne Bohnen.

Forelle mit Haselnüssen

TROTE ALLE NOCCIOLE

Die proteinreiche und fettarme Forelle kann man zu allen Gelegenheiten servieren. Hier wird sie gebraten mit einer nussigen Dillsauce angerichtet.

Vorbereitungszeit: 20 Min.
Garzeit: 15 Min.
Für 4 Personen

ZUTATEN

- **4 Regenbogenforellen à 250 g**
- **Salz und Pfeffer**
- **25 g Butter**
- **1 EL Öl**
- **75 g Haselnüsse ohne Haut**
- **2 EL Weißweinessig**
- **2 Eigelb**
- **225 g zerlassene Butter**
- **1-2 EL gehackter Dill**
- **Zitronenscheiben und Dillzweige zum Garnieren**

1 Forellen mit Salz säubern und bei mittlerer Hitze in Öl und Butter von jeder Seite 5-6 Min. goldbraun braten, bis sie durchgegart sind.

2 Aus der Pfanne heben und warm stellen. Eine Hälfte der Haselnüsse in die Pfanne geben und bräunen. Auf Küchenkrepp abtropfen lassen, warm stellen.

Als Beilagen Zuckererbsen und Salzkartoffeln oder Salat servieren.

3 Essig auf 1 EL einkochen. Restliche Nüsse rösten und hacken. Eigelb und Essig in die Küchenmaschine geben.

4 Butter langsam zugießen, bis die Mischung andickt. Haselnüsse und Dill unterheben und würzen.

5 Forellen mit Zitrone, Dill und Haselnüssen garnieren. Sauce sehr vorsichtig erwärmen, damit sie nicht gerinnt.

TIP

Haselnüsse immer nur in kleinen Mengen kaufen und luftdicht verschlossen aufbewahren, da sie leicht ranzig werden.

Hundshai-Klößchen

POLPETTINE DI PESCE

Diese Klößchen können auch aus Seehecht, Schwertfisch oder Dorsch zubereitet werden. Eine Basilikum-Tomatensauce dazu servieren.

Vorbereitungszeit: 40 Min.
Garzeit: ca. 20 Min.
Für 4 Personen

ZUTATEN

500 g Hundshai
3 mittelgroße Kartoffeln
100 g frische Champignons
50 g gekochter Schinken
50 g Butter
3 Eier
1 gehackte Knoblauchzehe
1 EL gehackte Petersilie
1/2 Zwiebel
1 Lorbeerblatt
1 Karotte
etwas Mehl
1 Zitrone
etwas Milch
Semmelbrösel
reichlich Olivenöl
Salz und Pfefferkörner

1 Kartoffeln kochen, pürieren und mit 20 g Butter, 1 Prise Salz und etwas kochender Milch glattrühren. Bei wenig Hitze trocken werden lassen. Vom Herd nehmen und 1 verquirltes Ei einrühren.

2 5 l Salzwasser mit Zwiebel, Karotte, Lorbeer, 1 Scheibe Zitrone und einigen Pfefferkörnern aufkochen. Den Fisch darin 5 Min. köcheln.

3 Fisch herausheben, abkühlen lassen, feinhacken und mit der restlichen Butter in eine Pfanne geben. Gehackte Pilze zugeben und schmoren, bis die Flüssigkeit verdampft ist. Abseits vom Feuer mit gehacktem Schinken, Petersilie und Knoblauch mischen.

4 Pfanneninhalt mit Kartoffelpüree mischen und zu kleinen Klößen formen.

5 Fertige Klöße mit Mehl bestäuben. Restliche Eier verquirlen und Klöße darin wenden. Mit Semmelbröseln vollkommen panieren.

6 In heißem Öl goldbraun fritieren und zum Abtropfen auf Küchenkrepp legen.

Gefüllte Regenbogenforelle

TROTA RIPIENA

Zur Forelle mit einer italienischen Käse-Spinatfüllung Safranreis und Salat mit Haselnußöl servieren.

Vorbereitungszeit: 20 Min.
Garzeit: 30 Min.
Für 4 Personen

ZUTATEN

4 Regenbogenforellen à 225 g

Salz und Pfeffer

Zitronensaft

Butter zum Einfetten

glatte Petersilie und Zitronenscheiben zum Dekorieren

Für die Füllung

50 g tiefgefrorener gehackter Spinat

100 g Ricotta

1 TL Mehl

1 Eigelb

2 EL Crème double

Saft und Schale 1/2 Zitrone

Salz und Pfeffer

1 Prise geriebene Muskatnuß

1 Den Ofen auf 180°C (Gas Stufe 4) vorheizen. Den Fisch an der Bauchseite aufschlitzen, ausnehmen. Mit der Haut nach unten legen und mit dem Daumen die Mittelgräte entlangdrücken.

2 Die Mittelgräte entfernen. Würzen und mit Zitronensaft beträufeln.

3 Für die Füllung: den Spinat bei niedriger Hitze aufwärmen, bis die Feuchtigkeit verdunstet ist. Käse, Mehl, Eigelb, Crème double, Zitronenschale und -saft dazugeben. Mit Salz, Pfeffer und Muskat würzen.

4 Die Füllung in 4 gleiche Häufchen teilen und in die Forellen füllen. Die Fische wieder in Form bringen.

5 Die Forellen mit einem scharfen Messer einschneiden und einzeln in gefettete Folie wickeln. Auf ein Bratblech legen und 12 mm kochendes Wasser dazugießen. 30 Min. backen, dekorieren.

TIP

Sollte Ricotta nicht vorhanden sein, kann Hüttenkäse verwendet werden.

Zu dieser Mahlzeit einen leichten Weißwein servieren.

Goldbrasse in Papier
ORATA AL CARTOCCIO

Ein einfaches und schmackhaftes Gericht.
Das Papier erst bei Tisch öffnen.

Vorbereitungszeit: 40 Min.
Garzeit: ca. 20 Min.
Für 4 Personen

Z U T A T E N
1 Goldbrasse, ca. 1 kg
30 g Butter
1 feingehackte Schalotte
2 Lorbeerblätter
1 Bund Petersilie, gehackt
Saft von 1 Zitrone
4-5 Sardellenfilets
1 EL Essig
50 ml Öl
Salz und Pfeffer

1 1 Stück starkes Pergamentpapier gut mit Butter fetten. Die Goldbrasse säubern, waschen und mit einem Tuch gut trockentupfen. Den Ofen auf 180° C vorheizen.

2 Die Sardellen fein hacken und in ein Schälchen mit Essig und Zitronensaft legen.

Zur Goldbrasse ganze gekochte Kartoffeln, mit gehackter Petersilie bestreut, servieren.

3 Evtl. salzen, pfeffern und umrühren; 50 ml Öl langsam dazugeben. Schalotte und Petersilie einrühren.

4 Den Fisch auf das Papier legen und mit einem scharfen Messer den Rücken einschneiden.

5 Die Sauce gleichmäßig über die Goldbrasse gießen, die Lorbeerblätter auflegen.

6 Den Fisch einwickeln, das Papier rundherum fest verschließen.

7 Den Fisch in eine feuerfeste Form legen und ca. 20 Min. im Ofen garen.

Seezunge mit Zitronensauce

SOGLIOLE AL LIMONE

Das ideale Gericht für alle, die auf ihre schlanke Linie achten — wenig Kalorien, aber viel Geschmack. Mit knackigem grünem Salat servieren.

Vorbereitungszeit: 20 Min.
Garzeit: 35-45 Min.
Für 4 Personen

ZUTATEN

900 g Seezungenfilets
Saft von 1 Zitrone
Salz und weißer Pfeffer
225 g frischer Spargel in 5 cm großen Stücken
25 g Butter
Für die Sauce
300 ml Hühnerbrühe
geriebene Schale von 1/2 Zitrone
1 EL Maismehl
Saft von 1 1/2 Zitronen
2 verquirlte Eigelb
2 TL Zucker
1 EL feingehackter Estragon
1 Prise gemahlener Ingwer
Zum Garnieren
Zitronenscheiben
Estragonzweige

1 Fischfilets waschen und trockentupfen. Mit Zitronensaft beträufeln, mit Salz und weißem Pfeffer würzen.

2 Spargel 5 Min. kochen. Abgießen, unter kaltem Wasser abspülen. Auf Küchenpapier abtropfen lassen. 2 Spargelstücke in jedes Filet einrollen. Auf einen gebutterten Teller legen, restliche Butter darauf verteilen. Mit Folie abdecken, auf eine halb mit kochendem Wasser gefüllte Pfanne setzen. 15-20 Min. gar dämpfen.

3 Für die Sauce Hühnerbrühe und Zitronenschale aufkochen. Bei wenig Hitze 5 Min. köcheln. Maismehl mit Zitronensaft vermischt zugeben. 5 Min. unter ständigem Rühren kochen.

4 Eigelb und Zucker in eine feuerfeste Schale füllen, langsam unter Rühren die Brühe zugeben. Im Wasserbad 5-10 Min. unter ständigem Rühren eindicken lassen. Estragon und Ingwer zugeben, abschmecken.

5 Die Fischröllchen auf einer vorgewärmten Platte mit Sauce begießen, mit Zitronenscheiben und Estragon garnieren.

m **Die aufgerollten Filets in eine flache mikrowellengeeignete Form legen. Abdecken und bei Hochtemperatur (100 %) 10-15 Min. garen, mehrmals wenden. Vor dem Servieren 2 Min. ruhen lassen.**

Gegrillte Meeräschen
MUGGINE ALLA GRIGLIA

Zu diesen gegrillten Meeräschen passen als Beilage gedämpfte Kartoffeln, die Sauce wird getrennt serviert.

Vorbereitungszeit: 20 Min.
Garzeit: 10 Min.
Für 4 Personen

ZUTATEN

6 Meeräschen

3 gehobelte Knoblauchzehen

Rosmarin- und Salbeiblätter

Olivenöl, Salz und Pfeffer

Für die Sauce

1 EL gehackte Petersilie

2 Zitronen in Scheiben

3 gehackte Knoblauchzehen

5 gehackte Minzeblättchen

Olivenöl

Weinessig, Salz und Pfeffer

1 Den Fisch entschuppen, ausnehmen, waschen und auf Küchenpapier abtropfen lassen.

2 Fische mit einem Messer leicht einritzen, in eine Schüssel legen, mit Knoblauch, Salbei- und Rosmarinblättern bedecken.

3 Würzen, mit 3 EL Öl begießen und ca. 1 Std. ziehen lassen.

4 Petersilie, Knoblauch, Minze, Zitronenscheiben mit je 2 EL Öl und Essig vermischen.

5 Die Meeräschen auf erhitztem Grill von beiden Seiten ca. 10 Min. garen. Mit einem Spachtel vorsichtig wenden.

6 1 EL Öl mit 1/2 TL Salz verquirlen. Die Fische während des Grillens damit bestreichen.

7 Meeräschen auf einem Teller anrichten, nach Geschmack gekochte oder gedämpfte Kartoffeln dazu reichen, die Sauce getrennt servieren.

Delikate Thunfisch-Steaks

TRANCI DI TONNO DELICATI

Thunfisch mit grüner Sauce und Thunfisch mit Artischocken — zwei beliebte und dabei einfache Gerichte.

Thunfisch mit grüner Sauce

Vorbereitungszeit: 25 Min.
Garzeit: 20 Min.
Für 4 Personen

ZUTATEN

4 Scheiben Thunfisch (etwa 800 g)
Saft von 1 Zitrone
1 Zwiebel
1 Karotte
1 Stange Bleichsellerie
2-3 Lorbeerblätter
1 Bund Petersilie
4-5 EL Olivenöl
1/8 l trockener Weißwein
Salz und Pfeffer

1 Einen großen Topf zur Hälfte mit Wasser füllen, Weißwein, Karotte, Sellerie, Zwiebel, Lorbeer, 1 Zweig Petersilie, die Hälfte des Zitronensaftes sowie Salz und Pfeffer zugeben.

2 Thunfischscheiben einlegen und langsam aufkochen. 20 Min. teilweise bedeckt ziehen lassen.

3 Für die Sauce die restliche Petersilie hacken und mit dem restlichen Zitronensaft, Salz, Pfeffer und Öl sorgfältig verrühren.

4 Thunfisch im Sud abkühlen lassen, herausheben und auf einen Teller geben. Nach Geschmack mit Zitronenscheiben und Petersilienbüscheln garnieren. Die Sauce separat servieren.

Thunfisch mit Artischocken

Vorbereitungszeit: 1 Std.
Garzeit: 30 Min.
Für 4 Personen

ZUTATEN

800 g Thunfisch in Scheiben
500 g Artischockenherzen aus der Dose
2 EL Semmelbrösel
1 EL gehackte Petersilie
1 gehackte Knoblauchzehe
Saft von 1 Zitrone
Olivenöl
Salz und Pfeffer

1 Den Ofen auf 180° C vorheizen. Eine Schicht Fischscheiben in eine ofenfeste, mit Öl gefettete Form legen. Mit Semmelbröseln, Knoblauch, Petersilie, Salz und Pfeffer bestreuen, Fischscheiben auflegen. Artischockenherzen abtropfen lassen, darauf verteilen.

2 Mit Öl und Zitronensaft beträufeln, ca. 1/2 Std. im Ofen garen.

Schwertfisch mit Tataren-Butter

PESCE SPADA ALLA GRIGLIA

Dieser delikate Fisch ist gefroren vielerorts erhältlich, kann aber durch jeden anderen festfleischigen Fisch, wie Haisteaks, Thunfisch oder Heilbutt ersetzt werden.

Vorbereitungszeit: 20 Min.
Garzeit: 10 Min.
Für 4 Personen

ZUTATEN

4 aufgetaute Schwertfisch-Steaks

Salz und Pfeffer

1 EL zerlassene Butter

Salatblätter zum Garnieren

Für die Tataren-Butter

75 g weiche Butter

1 gehackte Knoblauchzehe

1 gehackte Schalotte

1 EL feingehackte Kapern

1 EL feingehackte Gewürzgurke

1 EL feingehackte Petersilie

3 Tropfen Worcestersauce

3 Tropfen Tabasco

Salz und Pfeffer

1 Knoblauch, Schalotte, Kapern, Gurke, Petersilie, Worcestersauce und Tabasco mit der weichen Butter verschlagen. Mit Salz und Pfeffer würzen. Zu einer Rolle geformt in Pergament einwickeln, 20 Min. tiefgefrieren.

Zum Schwertfisch passen neue Kartoffeln und Tomatensalat.

2 Grill auf höchster Stufe vorheizen. Mehrere Metallspieße sehr stark erhitzen, mit ihnen beide Seiten der Steaks kreuzweise einbrennen.

3 Fisch mit Salz und Pfeffer würzen und rundherum mit Butter einpinseln. Jede Seite 5 Min. grillen, zwischendurch erneut mit Butter einpinseln.

4 Fertige Steaks auf vorgewärmte Teller legen. Tataren-Butter in vier Scheiben schneiden und auf den Fisch legen. Mit Salatblättern garniert servieren.

TIP

Das Muster kann auch nach dem Garen auf die Steaks gebrannt werden. Im ausgeschalteten Grill warm stellen.

Fisch-Spieße

SPIEDINI DI PESCE

Aufgespießte Fischwürfel, einige in Speck eingerollt, ergeben ein herrliches Abendessen. Dorsch und Weißfisch sind die dafür passenden Fischarten.

Vorbereitungszeit: 20 Min.
Garzeit: 10 Min.
Für 4 Personen

ZUTATEN

450 g feste weiße Fischfilets
4 Scheiben durchwachsener Speck
2 EL zerlassene Butter
schwarzer Pfeffer
2 gehackte Dillzweige
Salatblätter zum Garnieren

1 Den Fisch würfeln. Den Speck auf einer Arbeitsfläche mit einem Messerrücken der Länge nach strecken, dann in kurze Stücke schneiden. Die Hälfte der Fischwürfel in Speck wickeln.

2 Fischwürfel abwechselnd aufspießen, mit Pfeffer und Dill bestreuen.

3 Den Grill vorheizen, und die Spieße unter Wenden bräunen. Den restlichen Dill darüberstreuen und auf den Salatblättern angerichtet servieren.

TIP

Läßt man die Haut an den Fischwürfeln, so halten sie besser zusammen. Es dürfen jedoch keine Schuppen mehr daran sein. Die Fischwürfel mit der Haut nach außen aufspießen, damit sie kroß und braun wird.

Darauf sollten Sie achten

Das Fischfleisch ist sehr zart. Grillpfanne daher mit Öl ausstreichen, damit die Filets nicht klebenbleiben. Auch die Spieße sollten eingeölt sein.

Durch einen gut gekühlten Weißwein wird dieses Gericht abgerundet.

Muscheln in Weißwein

VONGOLE AL VINO BIANCO

INTERNATIONAL

Erinnerungen ans Mittelmeer werden wach bei diesem Gericht. Am besten auf Spaghetti servieren oder in Suppentellern reichen, mit reichlich Weißbrot, um die Sauce aufzutunken.

Vorbereitungszeit: 10 Min.
Garzeit: 20 Min.
Für 4 Personen

ZUTATEN

900 g Venusmuscheln
2 EL Butter
1 feingehackte, große Zwiebel
3 zerpreßte Knoblauchzehen
1 EL Mehl
300 ml Weißwein
225 g Crème double
Salz und Pfeffer
4 EL gehackte Petersilie

1 Die Muscheln unter fließendem kaltem Wasser gründlich waschen.

2 Zwiebel und Knoblauch in zerlassener Butter bei mittlerer Hitze 5 Min. glasig dünsten. Das Mehl darüberstäuben und 2 Min. kochen lassen.

3 Unter Rühren mit dem Wein ablöschen. In 2 Min. zu einer geschmeidigen Sauce einkochen lassen.

4 Die Muscheln zugeben. Den Topf abdecken und mehrmals schütteln. 15 Min. kochen, bis die Muscheln offen sind, hin und wieder schütteln.

5 Bei wenig Hitze die Crème double unterrühren. Würzen, mit Petersilie bestreuen.

TIP

In guten Fischgeschäften sind frische Venusmuscheln nach Vorbestellung erhältlich. Man kann jedoch auch Muscheln aus der Dose verwenden und diese nur 2-3 Min. aufwärmen.

Einen leichten Weißwein, wie z. B. Soave, dazu reichen.

Muscheln in Tomatensauce

VONGOLE AL POMODORO

Nach Geschmack kann dieses Gericht mit roten Peperonischoten gewürzt werden. In Suppentassen servieren.

Vorbereitungszeit: 1 Std.
Garzeit: ca. 30 Min.
Für 4 Personen

ZUTATEN

- **2 kg Venusmuscheln**
- **600 g geschälte Tomaten (oder Tomatenpüree)**
- **1 Bund Petersilie**
- **3 Knoblauchzehen**
- **8 Scheiben Weißbrot**
- **4 EL Olivenöl**
- **Salz und Pfefferkörner**

1 Muscheln unter fließendem kaltem Wasser waschen, abtropfen lassen. Offene Muscheln aussortieren.

2 In einem großen Steinguttopf die Knoblauchzehen in Öl dunkel bräunen.

3 Tomaten hineingeben, mit wenig Salz und viel frisch gemahlenem Pfeffer würzen und aufkochen. In ca. 10 Min. die Sauce einkochen lassen, dabei gelegentlich umrühren.

4 Die Muscheln zugeben. Gut mischen und bei großer Hitze kochen, bis sich die Muscheln geöffnet haben.

5 Geschlossene Muscheln aussortieren. Die Petersilie hacken.

6 Brotscheiben anrösten, in etwas Öl auf die Teller legen. Petersilie über die Muscheln streuen, auf die Teller verteilen.

Muscheln etwas weniger rustikal mit Brot-Dreiecken und Petersilie garniert servieren.

Muscheltopf
FRUTTI DI MARE

Zu diesem Gericht serviert man geröstete Brotscheiben. Unmittelbar vor dem Auftragen mit reichlich frisch gemahlenem schwarzen Pfeffer würzen.

Vorbereitungszeit: 1½ Std.
Garzeit: ca. 20 Min.
Für 4 Personen

ZUTATEN

1,5 kg Miesmuscheln
1,5 kg Venusmuscheln
600 g kleine Garnelenschwänze
1 feingehackte Zwiebel
500 g Tomatenpüree
⅛ l trockener Weißwein
3 EL gehackte Petersilie
1 gehackte Knoblauchzehe
1 TL Oregano
1 Peperoni
Salz

1 Muscheln gründlich waschen, geöffnete aussortieren. In ½ l Wasser kochen, bis sie offen sind. Geschlossene aussortieren. Garnelen nicht schälen, sondern waschen und abtropfen lassen.

2 Garnelen und Zwiebeln zu den Muscheln geben, gut umrühren.

3 Tomatenpüree, die Hälfte der Petersilie, ½ Knoblauchzehe, Peperoni und etwas Salz einrühren.

4 Aufkochen und den Weißwein angießen, etwas verkochen lassen. ⅛ l Wasser und den Oregano zugeben, gut umrühren.

5 10 Min. köcheln lassen, ab und zu umrühren. Einige Min. vor dem Servieren mit restlichem Knoblauch und der Petersilie bestreuen.

Als Beilage im Ofen geröstetes und evtl. mit Knoblauch gewürztes Weißbrot servieren.

Fritierte Tintenfische

CALAMARI FRITTI

Dieses Gericht wird sehr heiß
mit einer Sauce Tartare, Remoulade oder
Tomatensauce serviert.

Vorbereitungszeit: 30 Min.
Garzeit: ca. 10 Min.
Für 4 Personen

ZUTATEN

400 g kleine Tintenfische
600 g Kalmare
etwas Mehl
Olivenöl zum Fritieren
1 Zitrone
Salz

1 Den knorpeligen Knochen aus den Tintenfischen entfernen, Fangarme abtrennen.

2 Dunkle Haut, die Körper und Fangarme umgibt, abziehen.

3 Fangarmbüschel öffnen, die in der Mitte befindliche hornige Öffnung durch leichten Druck entfernen.

4 Knochen aus den Tintenfischen herausdrücken. Die Körper schneiden. Alles sehr gut waschen und trockentupfen.

5 Tintenfische in ein Sieb geben und mit Mehl bestäuben. Schütteln, bis sie alle mit Mehl überzogen sind.

6 Öl in einer Pfanne sehr heiß werden lassen. Die Tintenfische portionsweise ca. 10 Min. fritieren. Nicht länger, da sie sonst hart und zäh werden.

7 Wenn sie goldbraun fritiert sind, herausheben und zum Abtropfen auf Küchenkrepp legen. Mit Salz bestreuen und sehr heiß, mit Zitronenachteln garniert, servieren.

Scampi mit Reis

RISO AGLI SCAMPI

Auch zu Scampi und Champignons serviert, sollte der Reis schön körnig sein.

Vorbereitungszeit: 1¼ Std.
Garzeit: ca. 40 Min.
Für 4 Personen

ZUTATEN

- **ca. 20 Scampi**
- **150 g Krabben**
- **150 g frische Champignons**
- **300 g Reis**
- **100 g Butter**
- **200 ml Sahne**
- **3 feingehackte Schalotten**
- **600 ml heiße Brühe**
- **⅛ l trockener Weißwein**
- **Currypulver**
- **2 EL Brandy**
- **Salz und Pfeffer**

1 Die Scampi schälen, und die Köpfe entfernen. Das schwarze Darmstück entfernen, die Scampi waschen und gut trockentupfen. Genauso mit den Krabben verfahren.

2 Die Pilze putzen, waschen, trockentupfen und in dünne Scheibchen schneiden.

3 ⅔ der Schalotten in 50 g Butter bei wenig Hitze anbraten. Erst die Pilze, dann die Scampi und nach wenigen Min. die Krabben zugeben und anbraten.

4 Mit Brandy ablöschen, salzen, pfeffern, und die Sahne einrühren. Etwas einkochen lassen, vom Herd nehmen.

5 Den Rest Schalotten in 50 g Butter glasig dünsten, den Reis zugeben. Gut umrühren, den Reis anrösten, mit Curry bestreuen. Den Ofen auf 180° C vorheizen.

6 Den Wein angießen, verdampfen lassen. Die Brühe angießen und aufkochen.

7 Zugedeckt ca. 18 Min. ohne umzurühren im Ofen garen.

8 Den Reis aus dem Ofen nehmen und auf dem Rand eines tiefen Tellers verteilen. Pilze, Scampi und Krabben in der Mitte anrichten.

Langusten in Estragon
ARAGOSTA AL DRAGONCELLO

Langusten, norwegischer Hummer, Dublin-Bay-Garnelen oder Scampi? Wie immer sie genannt werden, alle gehören zur Familie der Hummer und sind eine Delikatesse.

Vorbereitungszeit: 1 Std.
Garzeit: 55 Min.
Für 4 Personen

ZUTATEN

20 ungekochte Langusten oder Scampi
2 EL Olivenöl
1 kleine, feingehackte Karotte
50 g frischer, feingehackter Fenchel
1 kleine, in Scheiben geschnittene Zwiebel
1 zerdrückte Knoblauchzehe
5 reife, geviertelte Tomaten
3 EL Brandy
200 ml trockener Weißwein
300 ml helle Fischbrühe oder Wasser
1 TL Tomatenmark
1 EL frischer, gehackter Estragon
2 EL Maismehl
75 ml Crème double
1 TL Estragonessig
Cayennepfeffer

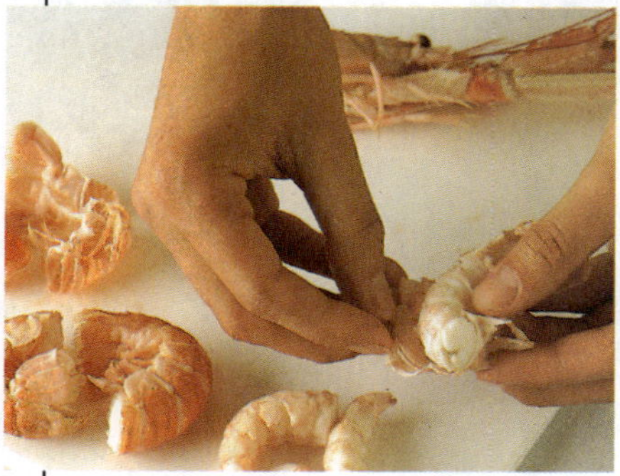

1 Ofen auf 220° C vorheizen. In einem großen Topf Salzwasser aufkochen. Je 10 Langusten zur Zeit hineingeben, 3-4 Min. köcheln lassen. Dann in kaltes Wasser geben. Abkühlen lassen und schälen, Fleisch und Schalen aufheben. Schalen auf einem Blech auf der mittleren Schiene im vorgeheizten Ofen 25 Min. rösten, damit sich ihr Aroma entfaltet.

2 Öl erhitzen, Karotte, Fenchel, Zwiebel, Knoblauch und Tomaten zugeben. Bei schwacher Hitze 6-8 Min. dünsten.

3 Schalen ohne Köpfe und Scheren in einem Mixer zu Pulver verarbeiten. Gemüse hineingeben, mixen. Brandy und Wein zugeben, Masse durch ein Drahtsieb passieren. Die zurückbleibende Masse in die Fischbrühe oder das Wasser geben, dann durch ein Sieb in die Weinflüssigkeit gießen.

4 Flüssigkeit aufkochen, Mark und Estragon zugeben. Mehl mit 2 EL Wasser vermischen, einrühren, aufkochen. Crème double unterrühren, Estragonessig zugeben

5 Die geschälten Schwänze längs halbieren. Die dunklen Eingeweide entfernen, Schwänze in der Sauce erhitzen.

Langusten mit Butterkartoffeln, mit Petersilie bestreut, jungen Karotten und grünen Bohnen servieren.

Garnelen-Spießchen

SPIEDINI DI GAMBERI

Spießchen mit Zitronenscheiben und Petersilienblättchen garnieren und mit Senfbutter servieren.

Vorbereitungszeit: 20 Min.
Garzeit: ca. 20 Min.
Für 4 Personen

ZUTATEN

24 große Garnelen
70 g Butter
Saft von 1 Zitrone
1 TL Senfpulver
1 gehackte Knoblauchzehe
4 EL gehackte Petersilie
1/2 TL Worcestersauce
Lorbeerblätter
Öl zum Bestreichen
Salz und Pfeffer

1 Weiche Butter in einer Schüssel mit einem Löffel cremig rühren.

2 Senfpulver, Worcestersauce, Knoblauch-Petersilie und Zitronensaft zugeben, mischen.

TIP

Zum Grillen sind alle Arten von Meerwasser-Garnelen geeignet.

3 Garnelen unter fließendem Wasser gründlich waschen, ohne sie zu schälen. In einem Küchentuch trocknen.

4 Garnelen und Lorbeerblätter abwechselnd auf lange Metallspieße reihen, mit Öl bestreichen und grillen.

5 Die Garnelen-Spießchen ca. 20 Min. garen. Ab und zu wenden.

6 Spieße mit Salz und Pfeffer würzen und mit der Senfbutter servieren.

Desserts
DOLCI

Frische Frucht-Platte

MISTO DI FRUTTA FRESCA

Das Besondere bei diesem Fruchtsalat aus Melonen, Weintrauben, Erdbeeren und Ananas ist die Sauce aus Passionsfrüchten – ein leichtes Dessert nach einer schweren Mahlzeit.

Vorbereitungszeit: 30 Min.
Für 4 Personen

ZUTATEN
1 kleine Melone
2 Kiwis
100 g blaue Weintrauben
100 g Erdbeeren
1 Mango
1 kleine Ananas
Für die Sauce
150 ml Crème double
1-2 TL Puderzucker
4 Passionsfrüchte

1 Die Melone in 4 Teile schneiden, die Kerne entfernen. Mit einem scharfen Messer aus der Schale lösen und in 1 cm dikke Scheiben schneiden.

2 Die Kiwis schälen und in Scheiben schneiden. Die Weintrauben in kleine Portionen teilen. Die Erdbeeren in Scheiben schneiden.

3 Die Mango schälen, das Fruchtfleisch in 2 Stücken vom Kern trennen und in dünne Spalten schneiden.

4 Die Ananas oben und unten abschneiden, Schale entfernen, der Länge nach halbieren, den harten Kern herauslösen in 1 cm dicke Scheiben schneiden.

5 Crème double mit Puderzucker steif schlagen. Passionsfrüchte halbieren, und die Kerne unter die Sahne ziehen. Die Früchte auf einer Platte anrichten, mit Sauce übergießen.

TIP

Ogen- oder Honigmelone verwenden. Sie sind reif, wenn sie am Stengelansatz auf Druck nachgeben. Passionsfrüchte sind reif, wenn sie purpurfarben und runzelig sind.

Frischer Herbstsalat

MACEDONIA D'AUTUNNO

Ein leichtes, fruchtiges Dessert, entweder warm oder kalt mit etwas Crème fraîche servieren.

Vorbereitungszeit: 15 Min.
Garzeit: 15 Min.
Für 4-6 Personen

ZUTATEN

225 g Brombeeren, frisch oder aufgetaut
100 g Zucker
2 rote, entkernte Äpfel in Scheiben
2 reife, geschälte, entkernte Birnen in Scheiben
1-2 TL Rosenöl

1 Die Brombeeren mit 175 ml Wasser und 50 g Zucker zugedeckt aufkochen, 3 Min. köcheln lassen. Die Beeren aus dem Saft nehmen, beides beiseite stellen.

2 Apfel- und Birnenscheiben mit 125 ml Wasser, dem restlichen Zucker und Rosenöl aufkochen, zugedeckt 5 Min. köcheln lassen, bis die Äpfel weich sind. Die Früchte aus dem Saft nehmen und warm halten.

Zu diesem Dessert Crème fraîche servieren.

3 Brombeer- und Apfelsaft zusammengießen, aufkochen und auf 175 ml Flüssigkeit einkochen lassen.

4 Abwechselnd Apfel- und Birnenscheiben fächerartig auf warmen Tellern arrangieren. Einige Beeren in die Mitte des Fächers geben, mit 25 ml Saft begießen.

TIP

Rosenöl gibt es in der Apotheke zu kaufen.

Darauf sollten Sie achten

Rosenöl hat einen sehr starken Eigengeschmack, daher nur wenig verwenden.

Warmer Zitrusfruchtsalat

MACEDONIA TIEPIDA D'AGRUMI

Ein besonderer Obstsalat — eine Mischung aus warmen Zitrusfrüchten, mit Ingwersirup gewürzt.

Vorbereitungszeit: 20 Min.
Garzeit: 3 Min.
Für 4 Personen

ZUTATEN

2 Orangen
1 Limone
1 rosa Grapefruit
1 weiße Grapefruit
1 Pomelo
2 Satsumas
50 g Zucker
2,5 cm Ingwerwurzel, geschält und in dünnen Scheiben
Minze zum Garnieren

1 Von jeder Frucht zwei dünne Streifen Schale abschälen und in hauchdünne Streifen schneiden. Ober- und Unterteile der Früchte entfernen. Früchte aufstellen, Schale und Haut von oben nach unten abschneiden.

2 Fruchtfleisch über einer Schüssel in Schnitzen zwischen den Membranen herauslösen.

3 Zucker, Ingwer und 50 ml kaltes Wasser unter Rühren aufkochen. 1 Min. köcheln, Ingwer herausnehmen. Schale einrühren, 1 Min. köcheln und entfernen. Zur Seite stellen.

4 Fruchtschnitze und Saft mit dem Sirup mischen, aufkochen. Vom Herd nehmen und garniert servieren.

m **Wasser, Zucker und Ingwer in eine mittelgroße Schüssel füllen und bei HOCHTEMPERATUR (100%) 2 Min erwärmen. Anschließend den Ingwer mit einem Schaumlöffel abschöpfen. Dann die Fruchtschale zugeben und zugedeckt 2 Min. kochen lassen. Jetzt die Schale herausnehmen und zur Seite stellen. Die vorbereiteten Früchte zum Sirup geben, zugedeckt 1 Min. kochen, wie oben beschrieben garnieren, heiß servieren.**

Feigenkompott
COMPOSTA DI FICHI

Dieses Kompott wird am besten mit frischen Feigen und Johannisbeeren zubereitet.

ZUTATEN

2,5 kg reife Feigen
1 kg Puderzucker
1,5 kg rote Johannisbeeren
1 Stückchen Zimtstange
Schale und Saft von 2 Zitronen
100 ml Weißwein

1 Die Feigen schälen, halbieren und in einen großen Topf aus rostfreiem Stahl geben.

2 Die Johannisbeeren vorsichtig waschen, abtropfen lassen, die Beeren vom Stiel abpflücken und durch ein Sieb passieren.

3 Das Püree mit Zucker, Zitronenschale und Zimt etwas einkochen lassen. Mit Zitronensaft und Wein über die Feigen gießen und 5 Min. kochen.

4 Vom Herd nehmen, und die Feigen noch warm in Gläser füllen. Jede Schicht Feigen mit Garflüssigkeit begießen.

5 Die Gläser bis 2 cm unter den Rand füllen, dann die Feigen vollständig mit der verbleibenden Sauce bedecken, und die Gläser luftdicht verschließen.

6 Die Gläser in Tücher wickeln, in einen großen, breiten Topf stellen. Mit kaltem Wasser bedecken und zum Kochen bringen. 20 Min. sterilisieren. Im Wasser abkühlen lassen. Die Gläser kühl und dunkel lagern.

Gebackene Birnen

PERE CON SALSA AL CARAMELLO

Gebackene Birnen mit einer süßen, karamelisierten Sauce sind ein ideales Dessert.

Zubereitungszeit: 5 Min.
Garzeit: 45 Min.
Für 4 Personen

ZUTATEN

50 ml kochendes Wasser
5 EL Zucker
4 Birnen
15 g Butter

1 Ofen auf 190° C vorheizen. Wasser und 4 EL Zucker in einer flachen feuerfesten Form verrühren, bis sich der Zucker auflöst. Birnen schälen, die Stiele mit einem Stück Alufolie umwickeln.

2 Birnen in der Form mit Sirup übergießen. Auf jede Birne etwas Butter geben, auf der oberen Einschubleiste 30 Min. backen, mehrmals begießen. Um zu prüfen, ob sie weich sind, mit einem scharfen Messer hineinstechen.

3 Restlichen Zucker darüberstreuen, weitere 10 Min. backen, bis der Zucker karamelisiert ist. Folie von den Stielen entfernen, sofort servieren.

TIP

Man kann dieses Dessert auch mit Quitten zubereiten.

Mit einem Löffel voll Sirup oder etwas Sahnejoghurt heiß servieren.

Früchte-Sorbets
SORBETTI ALLA FRUTTA

Früchte-Sorbets, nach Geschmack mit frischem Obst und Minzeblättchen verziert, sind an heißen Sommertagen eine erfrischende Zwischenmahlzeit.

Erdbeer-Sorbet

Vorbereitungszeit: 30 Min.
+ Zeit zum Gefrieren
Für 4 Personen

ZUTATEN
600 g Erdbeeren
Saft von 1 Zitrone
100 g Puderzucker
200 ml Wasser

1 Zucker im Wasser bei niedriger Hitze auflösen und kochen, bis Blasen an die Oberfläche steigen, abkühlen lassen.

2 Geputzte Erdbeeren mit Zitronensaft pürieren. Den Sirup einrühren. In einem niedrigen Gefäß anfrieren lassen.

3 Aufschlagen und gefrieren lassen. Wiederholen, bis das Sorbet fest geworden ist.

Eisbecher mit heißer Sauce

Vorbereitungszeit: 20 Min.
Für 4 Personen

ZUTATEN
400 g Erdbeereis
100 g Walderdbeeren
4 gehäufte EL Himbeermarmelade
1 EL Kirschwasser
4 EL Wasser

1 Marmelade bei niedriger Hitze im Wasser auflösen. Wenn sie kocht, vom Herd nehmen und Kirschwasser einrühren.

2 Eis auf 4 Schalen verteilen, mit heißer Sauce begießen, mit Erdbeeren garnieren und sofort servieren.

TIP

Eisbecher nach Geschmack mit Waffeln, Schokoladenstäbchen oder ähnlichem dekorieren.

Fruchteis am Stiel
GHIACCIOLI DI FRUTTA

Dieses erfrischende Eis ist schnell und einfach aus Wasser und Pfefferminz-, Orangen-, Kirsch- oder Beerensirup zuzubereiten.

Für 6 Personen

ZUTATEN
1/4 l Pfefferminzsirup
1/4 l Orangensirup
1 1/2 l Eiswasser
1 Orange in Scheiben und Minzeblättchen

1 3/4 l Eiswasser mit Pfefferminzsirup, 3/4 l Eiswasser mit Orangensirup auffüllen.

2 Pfefferminz-Wasser in Portionsbehälter für Eis am Stiel gießen und jeweils 1 frisches Minzeblatt hineingeben.

3 Mit Deckel und Stiel fest verschließen und 4-5 Std. gefrieren lassen.

4 Auf die gleiche Art mit dem Orangen-Eiswasser verfahren, hier eine sehr dünne Scheibe Orange mit Schale hineingeben.

TIP

Darauf achten, daß die Eisbehälter nicht bis an den Rand gefüllt sind, da sich das Volumen des Wassers beim Gefrieren vergrößert.

Mandarinen-Eis
GELATO AL MANDARINO

Ein ungewöhnliches Dessert,
das den krönenden Abschluß eines
festlichen Mahls bildet.

Vorbereitungszeit: 30 Min.
+ Zeit zum Gefrieren
Für 6 Personen

ZUTATEN
15 Mandarinen
250 g Zucker
500 ml Wasser
1 Zweig frische Minze

1 Deckel von den Mandarinen abschneiden, die Mandarinen ganz aushöhlen.

2 Fruchtfleisch durch ein Passiersieb streichen, Saft auffangen. Zucker und Wasser 2 Min. unter Rühren aufkochen, bis der Zucker aufgelöst ist. Abkühlen lassen.

3 Sirup zum Fruchtfleisch geben, durch ein Haarsieb streichen und 20 Min. anfrieren lassen.

4 Durchrühren und erneut gefrieren. Wiederholen, bis das Sorbet fest wird. Dann in die Mandarinenschalen füllen und die Deckel auflegen. Mit Minzeblättchen garnieren.

Geeiste Mandarinen können im voraus zubereitet und in der Schale eingefroren werden. In Alufolie gewickelt sind sie bis zu einem Monat haltbar. Einige Zeit vor dem Servieren herausnehmen, damit das Sorbet nicht zu hart ist.

Pfirsich-Eiscreme
GELATO ALLA PESCA

Mit diesem kalten Pfirsichdessert kann man eine Mahlzeit hervorragend beenden. Die Pfirsichhaut gibt dem Gericht Farbe.

Vorbereitungszeit: 20 Min.
+ Zeit zum Gefrieren
Für 4-6 Personen

ZUTATEN
4 große, reife Pfirsiche
1 EL Zucker
2 EL Pfirsich-Likör
150 ml Crème double
150 ml Joghurt
Zum Servieren
75 ml Pfirsich-Likör
2 große, reife Pfirsiche

1 Die Pfirsiche halbieren, die Steine entfernen, die Pfirsiche vierteln und mit Zucker und Likör im Mixer pürieren.

2 Die Crème double steif schlagen, den Joghurt einrühren. Die Mischung unter das Püree rühren. Die Creme in einer flachen Plastikschüssel ins Tiefkühlfach stellen.

3 Während des Gefrierens die Eiscreme 2–3mal vom Rand zur Mitte durchrühren. Wenn sie fest geworden ist, die Creme in Portionsschalen verteilen. Mit Likör begießen, mit Pfirsichstücken anrichten.

Eiscreme-Baisers

MERINGHE RIPIENE DI GELATO

Dieses Dessert aus dem Piemont wird mit flüssiger Schokoladensauce serviert und besonders von Turinern geschätzt, die eine Vorliebe für dunkle Schokolade haben.

Vorbereitungszeit: 15 Min.
Garzeit: 1 Std., 40 Min.
Für 6 Personen

Z U T A T E N

4 getrennte Eier

225 g Zucker

Für die Schokoladensauce

350 g dunkle Schokolade

300 ml Sahne

2 EL Zucker

Zum Servieren

1 l Vanilleeiscreme

1 Den Ofen auf 160° C vorheizen. Zwei Backbleche mit Backpapier auslegen. Das Eiweiß steif schlagen. Nach und nach den Zucker zugeben, bis die Baisermasse glänzt und sehr fest ist.

2 24 Häufchen auf die Backbleche spritzen oder löffeln und 15 Min. backen, bis die Oberfläche trocken ist. Ofentemperatur auf 130° C zurückschalten und ca. 1¼ Std. trocknen lassen.

3 Die Schokolade zerbrechen. Langsam die Sahne aufkochen. Vom Herd nehmen, Zucker einrühren und die Schokolade darin zergehen lassen. Das Eigelb unterheben, abkühlen lassen.

4 Zum Servieren eine Kugel Vanilleeiscreme zwischen je zwei Baisers geben. Schokoladensauce getrennt servieren.

TIP

Je nachdem, wie gut der Ofen belüftet ist, muß man die Tür evtl. etwas öffnen, damit die Baisers gut trocknen. Sie darf jedoch nicht zu weit geöffnet werden, da sonst die Temperatur zu stark sinkt.

Cassata
CASSATA

Die Kuchenstücke nach Geschmack
mit Schlagsahne oder
kandierten Früchten verzieren.

Vorbereitungszeit: 30 Min.
+ Zeit zum Tiefgefrieren
Für 8 Personen

ZUTATEN

600 g Schokoladeneis

600 g Erdbeer- oder Brombeereis

200 g Pistazieneis

500 g gemischte eingemachte Früchte in dünnen Scheiben

100 g Biskuitboden

1 Den gekühlten Deckel einer Cassataform mit Pergamentpapier auslegen, und die Früchte abwechselnd darauflegen.

2 Die ebenfalls gut gekühlte Form auf den Deckel setzen.

3 Bis zur Hälfte Schokoladeneis auffüllen. Den Biskuitboden passend zurechtschneiden und auflegen. Erst Schokoladen-, dann Erdbeereis einfüllen.

4 Den zweiten Deckel mit dem Pistazieneis füllen, auf die Form legen. Für 3-4 Std. in die Kühltruhe stellen.

5 Vor dem Servieren den Kuchen in Scheiben schneiden und nach Wunsch dekorieren.

TIP

Statt der Cassataform kann man eine mit Pergamentpapier ausgelegte Kastenform verwenden.

Eiscreme-Panettone

PANETTONE RIPIENO

Dieses süße Überraschungsdessert
ist in Italien sehr beliebt.

Vorbereitungszeit: 20 Min.
+ Zeit zum Gefrieren
Garzeit: 3-4 Min.
Für 6-8 Personen

ZUTATEN

500 g Panettone
Für die Füllung
25 g Sultaninen
25 g Korinthen
50 g Orangeat und Zitronat, gemischt
2 EL Grand Marnier
2 TL Gelatine
3 Eier
150 g Zucker
300 ml Crème double, leicht geschlagen

1 Von dem Panettone einen Deckel abschneiden und den Laib aushöhlen. Sultaninen, Korinthen, Orangeat und Zitronat in eine kleine Schüssel geben. Mit Grand Marnier beträufeln und mindestens 10-15 Min. ziehen lassen.

2 Die Gelatine in 1 EL Wasser im Wasserbad erhitzen, 3-4 Min. rühren, bis sie aufgelöst ist. Eier und Zucker in 6-8 Min. cremig schlagen.

3 Gelatine zugeben, Crème double unterziehen, Sultaninen, Korinthen, Orangeat, Zitronat, Grand Marnier einrühren. In den Panettone füllen. Deckel aufsetzen, 2½ Std. gefrieren, bis die Masse fest ist.

TIP

Das Innere des Panettone kann man kleingeschnitten als Gebäck servieren.

Amaretto-Windbeutel

BIGNÈ ALL'AMARETTO

Amaretto paßt gut zu den Mandeln, die diesen Windbeuteln einen so wunderbar nussigen Geschmack verleihen.

Vorbereitungszeit: 30 Min.
+ Zeit zum Abkühlen
Backzeit: 35-40 Min.
Für 6 Personen

ZUTATEN

Öl zum Einfetten
1 Rezept Brandteig
50 g Zucker
50 g geschälte Mandeln
300 ml Crème double
2 EL Amaretto
Für die Glasur
100 g Zucker

1 Ofen auf 200° C (Gas Stufe 6) vorheizen. 6 eigroße Häufchen Brandteig auf ein gefettetes Backblech setzen und in 25-30 Min. goldbraun backen. Auf einem Backgitter abkühlen lassen.

2 Zucker in einer schweren Pfanne langsam karamelisieren. Mandeln dazugeben und erwärmen, bis die Mandeln brechen und der Zucker goldbraun ist. Auf ein geöltes Backblech schütten, abkühlen und hart werden lassen. In nicht zu kleine Stücke brechen.

3 Sahne und Amaretto zusammen steif schlagen und die Karamelmischung unterheben. Windbeutel halbieren, mit der Sahnemischung füllen.

4 Für die Glasur Zucker in 4 EL Wasser bei geringer Hitze auflösen. Bei starker Hitze 5 Min. kochen oder bis die Flüssigkeit goldbraun ist. Über die Windbeutel verteilen und kalt werden lassen.

Windbeutel kann man auch fertig kaufen und ohne Füllung gut tiefgefrieren. Die Füllung wird getrennt gefroren und dann in die aufgetauten Windbeutel gefüllt. Innerhalb von 3 Monaten verwenden.

Glasierte Früchtetorteletts

TORTINE ALLA FRUTTA

Für diese herrlichen kleinen Früchtetörtchen können Sie jedes Obst nehmen. Wählen Sie je nach Saison Erdbeeren, Himbeeren und Kirschen oder füllen Sie einen großen Obstkuchen mit bunten Früchten.

Vorbereitungszeit:
30-40 Minuten
abkühlen
Backzeit: 20-25 Minuten
Ergibt: 8 Torteletts
à ca. 11 cm Ø

ZUTATEN

400 g Mürbeteig (tiefgefrorener muß aufgetaut werden)

4 EL Aprikosenmarmelade

100 g Erdbeeren

100 g Himbeeren

100 g schwarze Johannisbeeren

100 g rote Johannisbeeren

1 Den Ofen auf 200°C vorheizen. Den Teig dünn ausrollen. 8 x 9 cm große Teigplätten ausschneiden und die Törtchenformen damit auskleiden. Den Boden mit einer Gabel einstechen. Die Törtchen 15-20 Min. goldgelb backen, danach herausnehmen. Abkühlen, und die Törtchen vorsichtig aus den Formen lösen.

2 In einem kleinen Topf Marmelade und 1 EL Wasser kochen und zu einer glatten Glasurmasse verrühren. Eine dünne Schicht Glasur auf die Törtchenböden streichen, dadurch werden sie undurchlässiger und bleiben knusprig. Das Obst auf die Torteletts legen.

3 Die restliche Glasur über die Früchte geben, abkühlen lassen, bevor die Torteletts serviert werden.

TIP

Je nach verwendetem Obst die Glasuren variieren. Sehr lecker sind die Törtchen, wenn sie mit erwärmter Kuvertüre ausgestrichen werden. Zur Abwechslung mit Ananasstückchen füllen und den Saft zur Glasur verkochen. Auch Vanilleeis und Früchte eignen sich als Füllung.

Favette
FAVETTE

Dieses einfache fritierte Gebäck wird in Italien hauptsächlich in der Karnevalszeit gegessen.

Vorbereitungszeit: 1 Std.
Backzeit: 30 Min.
Für 6 Personen

ZUTATEN
500 g Mehl
100 g Zucker
30 g weiche Butter
½ Beutel Trockenhefe
3 Eier
Keimöl
Rum
Zum Servieren
Puderzucker

4 Reichlich Öl erhitzen und die Favette portionsweise darin fritieren.

1 400 g Mehl, Butter in Stückchen, Zucker, Hefe, Eier und etwas Rum zu einem festen Teig verarbeiten.

2 Teig in Stücke schneiden, mit bemehlten Händen zu Rollen formen und diese in viele kleine Stückchen schneiden.

5 Während des Backens ab und zu wenden, um sie gleichmäßig zu bräunen.

3 Jedes Teigstückchen mit bemehltem Messer der Länge nach einschneiden.

6 Goldbraun herausheben, abtropfen lassen und auf einem Teller mit Puderzucker bestäuben.

Sizilianische Röllchen

CANNOLI SICILIANI

Knuspriger Teig umhüllt eine Creme aus Ricotta und vielen kandierten Früchten.

Vorbereitungszeit: 1 Std.
+ Zeit zum Ruhen
Garzeit: 20 Min.
Für 4 Personen

ZUTATEN

300 g Mehl
400 g Ricotta
25 g Butter
25 g Zucker
150 g Puderzucker
70 g gemischte kandierte Früchte
Orangeat
1 Eiweiß
etwas Weißwein (oder Marsala oder Orangenblütenwasser)
Öl zum Fritieren

1 Mehl, Zucker, Butter mit Wein zu einem festen Teig verarbeiten, bei Raumtemperatur 1 Std. ruhen lassen.

2 Ricotta durch ein Sieb streichen, mit Puderzucker und gewürfelten kandierten Früchten mischen.

3 Teig dünn ausrollen, in Quadrate von 10 cm Kantenlänge schneiden, diagonal auf mit Öl gefettete Holzrollen wickeln.

4 Eine Ecke des Teiges mit aufgeschlagenem Eiweiß bestreichen, gegenüberliegende Ecke andrücken, so daß sich die Röllchen nicht mehr öffnen. In reichlich heißem Öl goldbraun fritieren, abtropfen lassen.

TIP

Statt der Holzröllchen verwendet man besser Canelloniröllchen. Schillerlockenformen sind ebenfalls geeignet, um statt der Rollen Tüten zu backen.

5 Röllchen von den Hölzern ziehen und mit der Creme füllen. Mit Orangeat garnieren und mit Puderzucker bestreuen.

Käsecreme-Pralinen

DOLCETTI DI RICOTTA

Diese Pralinen zu einem Espresso
nach dem Essen reichen.

Vorbereitungszeit: 1 Std.
+ Zeit zum Kühlen
Für 4 Personen

ZUTATEN

300 g Blockschokolade in Stücken
100 g Margarine (oder Butter)
200 g Frischkäse (Ricotta)
50 g Puderzucker
50 g gehackte Mandeln
3 TL gefriergetrocknetes Kaffeepulver
1 EL Cognac

1 Die Schokolade zergehen lassen und noch heiß kleine Papierförmchen damit ausgießen.

2 Bevor die Schokolade fest wird, überschüssige Schokolade aus den Förmchen abgießen.

TIP

Die Mandeln mit der Hand und nicht mit dem Mixer zerkleinern oder bereits gehackt kaufen.

3 Margarine cremig rühren, Frischkäse, Kaffeepulver, Puderzucker, Mandeln und Cognac einrühren.

4 Wenn die Schokolade in den Papierformen hart geworden ist, das Papier vorsichtig abziehen.

5 Die Creme mit einem Spritzbeutel in die Schokoladenschälchen spritzen. Bis zum Servieren kalt stellen.

Zabaione mit Katzenzungen

ZABAIONE

FESTLICHES

Dieses klassische Dessert ist der krönende Abschluß jedes italienischen Menüs. Selbstgemachte Katzenzungen dazu reichen.

Vorbereitungszeit: 20 Min.
+ Zeit zum Abkühlen
Garzeit: 15 Min.
Für 4 Personen

ZUTATEN

4 Eigelb

50 g Zucker

8 EL Marsalawein

geriebene Schokolade und Orangenschale zum Dekorieren

Für die Katzenzungen

50 g Butter, etwas zum Einfetten

50 g Zucker

1 Ei

abgeriebene Schale von 1 Orange

50 g Mehl mit 1 Prise Backpulver

50 g zerlassene Schokolade

1 Den Ofen auf 220° C vorheizen. 2 Backbleche mit Backpapier auslegen. Für die Katzenzungen Butter und Zucker schaumig schlagen. Ei und Orangenschale zugeben, mit Mehl zu einem Teig verrühren.

2 Ca. 1 cm der Spitze einer Spritztüte abschneiden, die Masse einfüllen und ca. 7 cm lange Streifen im Abstand von ca. 5 cm auf die Bleche spritzen. In 5 Min. goldgelb backen. Vom Backpapier lösen und auf einem Gitter abkühlen lassen.

3 Die Katzenzungen in geschmolzene Schokolade tauchen, fest werden lassen.

4 Für die Creme Eigelb, Zukker und Marsala über einem Heißwasserbad in 8-10 Min. cremig schlagen.

5 Die warme Creme in 4 Weingläser gießen, geriebene Schokolade und Orangenschale darüberstreuen. Die Katzenzungen dazu reichen.

TIP

Verwendet man Cointreau statt des Marsalas, so wird die Creme fruchtiger.